朝日大学大学院グローバルロジスティクス研究会 監修

地域物流市場の新課題

忍田和良　土井義夫　編著

はしがき

　物流は，人の生活と密接に関わり発展してきた。日本における大型物流は，北前船に代表される海上物流により，蝦夷地などから昆布などの日本人にとって馴染深い味がとどけられ，上層階級だけでなく，庶民にもその味が親しまれるようになっていった。このように，物を動かすということは，本来人の幸せに密接に関わって発展してきた。

　2001年に国土交通省は，「わが国の経済社会の変化と物流」という小文をWeb上で発表した。この中で，①グローバル化の進展，②ICTの発達と社会経済の変化，③国民生活環境の変化（特に，急速な少子高齢化），④社会的制約の拡大（環境問題，都市部への集中と交通渋滞，安全確保の意識変化など）の四つの要素が，物流の未来を大きく変えると述べている。

　このような状況変化により，物流業者は，単に物を運ぶというだけでなく，環境変化に応じた付加価値を創造し，それを物流というプロセスに込こむことが重要である。例えば，最近の話としては，再配送の問題が大きくクローズアップされ，再配送の多発が社会的価値の損失である，とまで言われている。このような状況を打破するためには，地域社会を巻き込んだ代理受け取りの仕組みの確立や無人配送のような新しい技術の確立などを，物流業者が主導していくことも必要である。いずれにしても，このような取り組みは産官学民の共同作業としてなされる必要がある。

　朝日大学大学院経営学研究科では，産学を主導とするプロジェクト研究を立ち上げ，物流の諸問題について研究してきた。ここに，官が加わり，一定の成果を上げてきた。今回，このような書籍発行という形で結実したのは誠に喜ばしいことである。今後は，さらに民の考え方も取り入れたより広範な物流研究がなされていくことを期待している。

　本著の発刊に当たっては，朝日大学理事長の宮田淳様，学長の大友克之様の長年によるご支援，岐阜運輸支局支局長の原公寛様，（一社）岐阜県トラッ

ク協会会長の田口義隆様，専務理事の川島千秋様及びセイノーホールディングス株式会社代表取締役社長の田口義隆様，西濃運輸株式会社代表取締役社長の神谷正博様の温かいご指導等のあったことを記し，改めて感謝申し上げる次第である。また，昨年9月にご逝去されたセイノーホールディングス株式会社の田口義嘉壽様にこの本を捧げたい。

2017年3月

朝日大学大学院　経営学研究科研究科長

奥山　徹

目　次

はしがき

序　章 …………………………………………………………………… 1

第一部　荷主企業と運送事業者との関わり

はじめに …………………………………………………………………… 7

第1章　パートナーシップのあり方 ……………………………… 9
第1節　契約の書面化とパートナーシップ ………………………… 10
第2節　下請け・子会社化とパートナーシップ …………………… 13
第3節　費用計算（コスト）や独特の商慣習とパートナーシップ … 17
第4節　日本独特の商慣行とパートナーシップ …………………… 21
第5節　着荷主とパートナーシップ ………………………………… 23
第6節　社会的責務とパートナーシップ …………………………… 26
第7節　地域の意向調査結果 ………………………………………… 29

第2章　輸送条件等に関する契約の書面化方向 ……………… 45
第1節　運送取引における書面化とは ……………………………… 45
第2節　運送取引における書面化の具体的内容 …………………… 47
第3節　運送取引における書面化の現状（全国・中部）………… 54
第4節　運送取引における書面化の現状（岐阜）………………… 59
第5節　運送取引における書面化と適正取引の推進 ……………… 62

第3章　運送事業者の下請け構造と物流子会社の課題 …………64

第1節　企業組織の関係分析：理論的枠組の提示 ………………… 64
第2節　輸送サービスに対する荷主と物流事業者の意向調査：運送事業者における下請け構造や物流子会社の問題点 ……………… 83
第3節　運送事業者を取り巻く組織間関係と地域物流の将来展望 …… 101

第二部　物流活動と商慣行の分析

　はじめに ……………………………………………………………………109

第4章　輸送サービスの費用分析 ………………………………111

第1節　研究の背景と目的 …………………………………………… 111
第2節　費用計算の意義と運送原価算出表 ………………………… 112
第3節　運送原価算出表の一般的な様式 …………………………… 114
第4節　費用計算の現況 ……………………………………………… 116
第5節　費用計算の課題 ……………………………………………… 117
第6節　費用計算の方策 ……………………………………………… 121
第7節　費用計算活用の効果とその限界 …………………………… 124
第8節　改善策の提起 ………………………………………………… 126
第9節　今後の方向性 ………………………………………………… 127

第5章　店着価格制の分析 …………………………………………133

第1節　地域物流市場における物流需給と商慣行 ………………… 133
第2節　地域の物流需給関連における課題の現状 ………………… 139
第3節　物流動向と商慣行の変遷 …………………………………… 140
第4節　商慣行からみた店着価格制 ………………………………… 140
第5節　店着価格制に対する荷主と事業者の意向 ………………… 142

第6章　着荷主の動向分析……………………………………148
- 第1節　着荷主の位置づけ（定義）………………………148
- 第2節　着荷主の現状……………………………………149
- 第3節　着荷主（販売先）に対する荷主と事業者の意向………156
- 第4節　物流改善の取組み事例《混載輸送（幹線輸送）の場合》………162
- 第5節　今後の着荷主のあり方への期待…………………172

第三部　地域における社会的責務への対応

はじめに………………………………………………………175

第7章　物流インフラ対策………………………………………177
- 第1節　地域における環状道路の整備……………………177
- 第2節　都市内物流への地域対策…………………………184

第8章　地球温暖化策と中小企業策……………………………195
- 第1節　地球温暖化策への地域対応………………………195
- 第2節　地方物流での中小企業対策………………………202

むすび……………………………………………………………215

A　付録………………………………………………………221
- A.1　意向調査の目的………………………………………221
- A.2　意向調査の方法………………………………………221
- A.3　意向調査項目の選定…………………………………222
- A.4　意向調査依頼方法……………………………………223
- A.5　回収結果………………………………………………225

序章

　本著は，2013年9月に発刊された「地域物流市場の動向と展望」に続く著作である。この著作では，「地域の物流市場発展のため，物流業者自身が主導すべき方策，荷主動向への対応策，行政組織等への要請や働きかけの追及」を行っている。

　物流活動を「市場」の場でとらえていることが特徴の一つである。この理由は以下による。一つはその透明性，すなわちイコールフッテング（同一条件という立場）での競争が可能となるような制度設計を行うことである。二つ目は需給両者を取り巻く環境条件，例えば地球温暖化，グローバル化への向き合い方をより明確にするためである。その3は物流活動で少しでも身近な地域社会を豊かにするためである。この場合，市場を構成する主体としては，需給者以外にこの地域での生活者や行政分野も加わる。

　この市場を地域の視点に立った「地域物流市場」として捉えた。国央に立地する岐阜県は東海地域の他県と同様，生産活動が活発な地域である。海なし県であることから港や空港へのアクセス整備が重要となるため，太平洋と日本海を結ぶ東海北陸自動車道が整備され，東海環状道東回りが付加されてきた。さらに西回りの補完によって幹線道路網が完成される。これにより新たな物流拠点整備の可能性が大きくなる。この地域では，運送事業者，939社，20車両未満保有の事業者が79％を占めている。トラック輸送は鉄道輸送のウェイトに比べ圧倒的に高く，下請け，孫請けに見られるように，その構造も多岐にわたり，複雑である。この地域での態様を明らかにするため，

トラック輸送業者と顧客である荷主を対象にした意向調査を行った。主題はトラック輸送が当面する諸課題の発見にあった。視点をトラック輸送業界にとどまらず，荷主業界からも，いやむしろ荷主業界からトラック輸送業界を見つめようというものであった。

　ここでは物流業界，荷主業界，さらに行政への基本課題を探った。まず，物流業界自体が対応すべき課題は以下の通りであった。その一つは下請け構造の拡大・多層化の進展である。この結果として取り巻く環境の変化対応に敏捷さが欠けることが危惧される。排ガス対策への実効も課題となろう。また，業者が荷主も取り込んだ企業連携によって，物流の効率化にとどまらず受注代行，生産の効率化，販売活動の支援にまで及ぶことも考えられる。大手物流企業が中心となる関連するビジネスモデルの構築が効果を発揮する。中堅企業や真摯な小企業への導入の契機となろう。

　荷主業界での対応も多様である。ものの製造から販売に至る過程で，在庫を圧縮し，所要する時間を短縮化するシステム構築に，方策を提起することも大きな課題である。つまり，サプライチェーンへの機能分担である。「製品のトレーサビリテイ」を提起することは物流業界の当面する課題の一つである。市場整備の証とでもいうべき「納品条件の契約書化」については，流通業者等との連携に実効が上がるとした。「荷主の流通システムの向上策については，物流業者よりも納品先の非協力が問題」とする荷主もある。とくに中小の荷主には，この悩みが少なく無い。物流業者に状況把握，方策を求めている。

　物流業界に関連する行政組織や団体の活動は，当然中小企業の支援が主題となる。業者，荷主共に共通の課題である。しかし画一的に中小業者を支援するのではなくて，中小企業の中にも進取の気性に富んだ組織が存在することに注目し，行政組織や団体は彼らを核とした他社と連携したビジネスモデルの設定に実効性があるとした。排ガス対策等の社会的課題に対しては，大手物流業者にとどまらず下請け業者を含めた中小企業の取り組みも軽視し難い。やはり流通業を中心にした荷主との連携で「省エネ物流システムの構築」

を支援が課題になる。県トラ協の役割にも刮目したい。

　このような諸課題を中心として物流市場高度化のための課題。方策の深化，拡大化を図ることが次の視点である。

　本著ではこれらの諸側面をさらに掘り下げ，前広に追求する。

　この追及の視点として，まず現在の物流動向に目を向けよう。この1年は昨年にも増して運送業の労働力不足が叫ばれてきた。2015年のトラック運転手は80万人で前年比3万人減少した。「自動車運転業」の有効求人倍率は15年に2.25人で全業種の1.21倍を大きく上回っている。若者の就業が少ないのも，長時間労働がその要因の一つである。1週間60時間以上就業の雇用者の割合は「運輸・郵便業」で約20％であり，全業種の最高である。

　この対策例として，物流生産性の向上や，企業連携の強化等がある。生産性の向上には，物流活動のための「モノのインターネット」(IoT)活用で物流センターの効率化をはかり，また，鉄道や海運の利用を進める「モーダルシフト」を推進することが課題である。企業連携には種々あるが，私共の産官学によるこの「グローバルロジスティクス研究会」では県内企業の意向調査によって，荷主での「発荷主と着荷主の連携」等が課題の一つだとした。この場づくりを物流業者が担うことが重要と荷主と業者からの両者から指摘されている。

　前回調査の深化，拡大化に，このような今日的な視点を，可能な限り加えることとしよう。

　その第一は物流市場の原点である「荷主と運送会社との関わり」である。いずれの地域でもこれを追求することである。具体的にはいわゆるパートナーシップについて，荷主と物流事業者それぞれがどのように受けているかを把握することから着手する。また，市場の健全性の証左である物流サービス売買の透明化程度に注目する。契約の態様，さては書面化への取り組みである。大手の物流業者も大手荷主の物流子会社の下請けである。下請け，孫請けの実態等を通じ，産業界における運送事業者の特異性を明らかにし，さ

らに今後の在り方を追求しよう。

　この第二は物流活動の効率化を阻害している諸「商慣行」を明らかにすることである。まず，市場の基盤を示す輸送サービスに対する費用の態様を明らかにする。古くて新しい課題である。なお，コスト把握の一方法としてのABC分析の普及を行政主導で試行したことがある。行政サイドでもこの対策に長期に亘って歓心を寄せてきた。江戸時代からの商慣行である店着価格制がある。ものの売買は商品を販売先に届けて成立するというものである。言い換えれば物流需要の特徴の一つは，荷主には，発荷主と着荷主が存在するということである。このような状況を追求しよう。物流活動の検討には今までこの発荷主に視点を置いてきた。着荷主に焦点をおいたこの態様を，やはり荷主，物流業者，それぞれから明らかにしよう。

　第三は物流活動の基盤に据えるべき「社会的課題」への対応である。環状道路の整備が進む。この整備・完成によって物流拠点はもとより，新しい事業所の進出も予見され，地域経済の発展にもかかわる。物流効率化を阻害する地域課題は都市物流であろう。商店街，ビル，地下街等への集配送はいずれの地域でも問題視されており，多品種少量化との闘いが続く。これら物流インフラに関わる諸課題に注目する。次いで今日的でグローバルな課題である地球温暖化策の展開である。物流量の横ばい状況や既存策の展開によって，この方策にはアンニュイ（倦怠）さを感じる。環境対策と経済策を両立するエネルギーを削減する物流対策への取り組みを中心に関連方策を追求しよう。物流業界の特徴である，中小企業が中核となっている市場構成対策が，喫緊の急務である。荷主や大手物流業の対策以外にも行政・関連団体による指導・方策が期待されている。

　日本経営の特徴は，現場の優秀さにある。市場を高度化する要因としてはこれを考慮すべきである。いわゆる経営戦略は企業の知恵やその諸資源を結集し，その成果は「現場」で結集する。とくに流通や物流の現場には，問題の発見や提言力の錬磨，トレードオフ（二律背反性）の活用，情報収集・伝達機

能の高度化が求められる。企業の成長にはこの「現場力の向上」が不可欠である。優れた企業のトップの多くは「私の経営の原点は現場」という。現場は社員に汗と涙を強いる修羅場であり，また成功の感動を与えて呉れる場でもある。この現場で生きた空気を吸い，働く人や置かれた商品が発する息つかいに触れられる。世界に誇るこの日本の物流現場を中心とするマネジメントシステムを重視したうえで，物流市場の声に耳を傾けることとしよう。

朝日大学大学院経営学研究科　客員教授
忍田　和良

第一部　荷主企業と運送事業者との関わり

はじめに

　スーパーやコンビニエンス・ストアをはじめ、あらゆる商店には、今日も様々な商品が並んでいる。それを、当たり前のように演出しているのが物流事業であり、その大半はトラックが演じている。しかし、想い起していただきたい。店頭から商品が無くなった時のことを。その時の焦燥感とともに。
　どちらが現実で、どちらが非現実なのか。答えは、その両者であるが、私たちは前者のみを現実と受け止めてきたのである。時の言葉を引用すれば、"想定外"を切り捨てているのである。
　需要と供給は、時としてバランスを崩すことが現実に起こり得る。しかし、それすらも最小限に食い止めてきた影の努力は、大きく報じられることなく、日々の平穏の中に埋もれ去られている。需要と供給を繋ぐ者こそ物流事業者であり、この存在なくして"もの"を得ることは不可能といっても過言ではない。物流事業者は、まさにライフラインの提供者なのである。ここでは特に、供給側の企業と、その需要者を結ぶトラック運送事業者の関係にスポットをあてる。
　第1章は、運送事業者と荷主企業というパートナーとしての立ち位置に注目する。その実情と立ち居振る舞いを紹介し、論じることで、第2章以降の考察に資するものである。
　第2章は、契約に焦点を当てる。運送契約に基づかない付帯作業の多さにもその要因が潜んでいる。契約締結の実情と確実に締結することの必要性

を，独自のアンケート結果などから訴える。

　第3章は，物流業界に特有である下請け的構造，物流子会社の介入の実態や，多重構造とその弊害の現状を，アンケート結果に基づき，組織という観点から分析を行う。この分析をとおし，地域物流の今後発展的政策を模索する。

第1章 パートナーシップのあり方

　パートナーとは,『相棒・相方のこと。二人組』などと解されている場合が多い。またパートナーシップとなれば,『1. 協力関係, 共同, 提携, 2. 友好的な協力関係, 3. 英米法で認められている共同企業形態の一種で, 2人以上の人間が金銭, 労務, 技術などを出資してなされる共同の営利行為関係またはその契約』などとの解釈が大半であろう[1]。少し前には, 東京都渋谷区が発行した同性カップルへの「パートナーシップ証明書」などが注目を集めていることは余談であるが, もともとは, 組織間・企業間同士を指す言葉のようであったものが, いつしかそれは対人関係にまで範囲を広げ使われるようになってきたのであろうか。

　その場の空気を反映することが多いこの言葉は, 時として対人関係の潤滑油的な働きを持つが, その実態というべきか, 意図するものはたとえ最少集団単位である二者の間にあっても, かなり異なると思われる。特に, 地位が上に当たるものにとっては, 自分にとって都合のよい使い方がなされるように思われ, 場合によっては, それが下のものへの圧力にもなりかねない。

　ところで, ここで論じたいパートナーシップとは, 本来の意味である『企業間における関係』であり, 荷主(この荷主には発荷主と着荷主の両方を示す)と運送事業者との関係を示すものとして進めてゆきたいと考えるが, 後掲の章・節における項目に関しても,「パートナーシップ」に絡めて, 以下のような視点で論じてみたい。

　①契約の書面化とパートナーシップ

②下請け・子会社とパートナーシップ
③費用計算（コスト）におけるパートナーシップ
④日本独特の商慣とパートナーシップ
⑤着荷主におけるパートナーシップ
⑥社会的責務とパートナーシップ

第1節　契約の書面化とパートナーシップ

　契約には当然，相対者が明確に存在しており，これがパートナーとも言いうる。しかし，運送業においては，えてして荷主サイドから一方通行的に指示が来るのみで，運送事業者サイドはその通りに行動するよう仕組まれていることが少なくない。

1　貨物運送事業の作業特性

　貨物運送事業には，同じ道路運送事業である旅客運送事業と異なり，商品の積卸し作業が特徴としてあげられる。商品によっては，フォークリフトやクレーンなど，ほんの数分程度で作業が終わるケースもあるが，"手積み・手卸し"といわれる作業形態が未だに存在していることを理解していただきたい。

　周知の通りトラックの種類は多種多様である。最近でこそバン型車やウイング車と言われるシャーシに箱を積んだ車両が主流であるが，それでも左右の側面が跳ね上がるウイング車でなければ側面からフォークリフトで積卸しができず，ドライバー泣かせの"手積み・手卸し"を強いられ，そのための時間と体力を要する。

　仮に，積卸しが順調にできたとしても，それに要した時間は労働時間（拘束時間）に含まれるのは言うまでもなく，そこには，多くの"手待ち時間（待機時間）"が発生している。

2　手待ち時間の認識

　この手待ち時間に関しては，荷主企業も概ね認識しているようである。これは，荷主企業の顧客からの納入指定時間を遵守することによるものに端を発することから問題視するも，明瞭な解決策には乏しく，集荷・配達業務に関して無理を強いていることを認める発言も多い。

　しかし，好意的な荷主企業においては，その改善策として施設の見直しやマテハン[2]の導入，過剰サービスを要求しない姿勢が見え始めているのも事実である。

3　荷主の施設特性

　また周知のとおり，荷主企業の出荷窓口というのは，配送センター的な建物を除いては何ヵ所も有していることが少ない。多くの場合，2〜3両のスペースを確保してあればよい方で，1両分しかないこともある。そこにトラックが集中すれば"早い者勝ち"となり，遅いものほど待たされることは必至であるが，この場合の"手待ち時間"は勿論，拘束時間となる。

　しかも，大きな車体のトラックが道路まで溢れ，交通の障害になる危険性，近所からの苦情のやり玉になることもはらんでいる。待機用の駐車場を用意し，時間に応じて携帯電話等で呼び出すという荷主企業も中にはあるが，これはレアケースである。

4　契約書の限界

　書面化された契約書には，出荷時間を記載することになっている。荷主企業は，自社の製品完成状況を見込んだ時間を記入することとなり，運送事業者側はその時間に間に合うような配車を組み，出庫させることが可能となる。

　結果として荷主企業にとっては，駐車問題など近隣に気兼ねすることが解消され，運送事業者にとっては労働時間の算定が容易となり，拘束時間超過などの違法性を回避できるというメリットがうまれることとなり，両者ともに歓迎されるものである。

しかしこの契約書の作成は，現在のところ義務ではなく，しかも作成主体者は，運送事業者と規定されているのである。

運送事業者は，荷主企業からの運送依頼を電話やFAX，メール等で受け取ったのち，その内容を契約書に転記し，それを荷主企業にこれまたFAX，メール等で確認し，間違いなければその内容に沿って配車を組むのである。

良識あるお方であれば，この流れには不可解な点を見いだされるであろう。

そもそも，商品の運送を依頼するのは荷主企業である。そうであるならば，必要事項を記載したものを運送事業者に手交（送付等）すれば済むことである。しかし，そのようにできない理由に，荷主と運送事業者との関係，という以前に，経済産業省と国土交通省との関係が大きく影響しているのではないかと考えるのは，深読みのしすぎであろうか。

5　行政指導の限界

契約の書面化を進めているのは国土交通省である。"進める"というより，"勧める"と記述したほうが良い。

国土交通省は，運送事業者の労働時間の現状を改善に導くことが至上命令であり，その原因に積卸し時の手待ち時間が大きく影響していることは，全日本トラック協会などが行っている実態アンケート結果[3]を見るまでもなく充分に承知している。しかしながらその原因の一端であると思しき荷主企業には，"省庁の壁"が立ちはだかり，直接に物申せないのが実態である。

今回は，経済産業省には申し入れを行い，システムとしての書面化にこぎつけたものの，そこには，書面作成を荷主に義務付ける強制力は生じないばかりか，当該作業が書面化した内容と異なった結果になった場合であっても罰則を講じることもできなかったのである。

書面化を勧める国土交通省に対し，期待を込めて取り組んだ運送会社も存在したが，結果として国土交通省と運送会社の片思い現象に終始したとの感も否めなくはない。

6　今後への期待

　しかし，悲観だけでは物事は進まない。従来が，口頭にて契約をすることが慣習であった運送業界にあっては，正直，聞き取り間違いなどに伴う誤配なども少なからず存在していた。これらのミスを犯さないためにも，進化を続けるIT技術の活用は自社の信用アップにもつながり，システム化する意義は大きい。加えて，荷主の中には同調いただける企業もあるとなれば，これを契機により強固な関係を築くことも非現実的なことではないと思われる。

　取り組む前に諦めるのではなく，まずは話し合いの場を持つことであろう。荷主企業とて，現行の物流システムが最良とは考えていない企業もあり，もっと良い方法を模索している企業も現実には存在している。

　物流については，運送事業者自らが改良を重ねることである，という意見が多く聞かれるのはこのようなことを背景にしているからでもあるのであろう。

　まずは一歩踏み出し，お互いが契約書面化の制度の活用を双方自らの効率化という面から論じられてはいかがであろうか。輸送の効率化は，最終的にはコスト削減につながり，最終ユーザー（顧客）への便宜提供にもつながる。それを可能にするものが，真のパートナーシップなのであろう。

第2節　下請け・子会社化とパートナーシップ

　続いて，下請け・子会社化についてである。

1　業界特有の多重構造

　前述の荷主企業は経済産業省に所管されるが，運送事業者やその下請け事業者については同じ国土交通省に属することから，国土交通省はその挙動に対し行政としての姿勢を誇示できる。

　子会社については，親会社が運送事業者であれば，親子纏めて所管の傘の

下に入ることになり，行政指導という伝家の宝刀を抜くことも吝かではない。

どの業界でもそうであろうが，こと運送業界における多重構造はつとに有名である。下請けの下に孫請け，ひ孫請け，などとの表現も飛び交い，そのあたりまでこれば，運んでいる商品が一体どこの会社のものでどのように活用されているのか，わからないということも当然のようにある。

2　多重構造の弊害

多重構造の弊害は，下に行けば行くほど運送の単価であり，根幹であるはずの運賃が減額されてゆくということである。

旅客事業における運賃は，原則値引き交渉に該当するものではない。運賃表が定められ，誰しもがその通りに契約し支払いを済ます。例えば新幹線に乗車した場合，1人で乗ろうが10人のグループで乗ろうが東京までの単価は変わらない（例外的に，格安パッケージなどの商品がないわけではないが）。それが貨物には当てはまらないのである。

但し，旅客にも"乗合と貸切"の部門がある。私たちが個人的に利用しているのは乗合であり，この場合は上述のような割引はないが，会社の旅行などは貸切扱いとなり，そこには条件交渉が含まれている。また最近は，それらを扱う代理店の存在が運賃水準に大きな影響を与えてきている。相次ぐツアーバスの事故などから奇しくも表面化した運賃単価に，世間は衝撃を受けたのではなかろうか。

3　トラック運送業界の現状

ところで，トラック運送会社と称するものがわが国にはどれほどあるかをご存じであろうか。

国土交通省が平成28年11月30日付で公表した平成27年度の貨物自動車運送事業者数によると，全国で62,176事業者とある[4]。

岐阜県だけでも951事業者に達し，県外に本社を有する事業者の岐阜県内に構える営業所を含めると，その数は1200ヵ所を超える規模である[5]。

このうちの半数以上の事業者が10両以下であり，この割合は年とともに増えている。原因は，参入規制緩和政策の一環によるものであり，最低参入車両数が5両とされたことが最大の原因と考えられる。

　なお，20両以下までの事業者で見ると，その割合はなんと総事業者の8割に及び，荷主企業との直接取引がままならず，同業者（元請）の下請けに頼らざるを得ない背景がこのあたりにも垣間見られる。

4　物流子会社の進出

　一方，この元請といわれる大手および準大手運送事業者といえど，その取引のすべてが荷主企業との直取引というわけでもなく，先に行った調査[6]によると，なんと6割弱が同業者を荷主とするという回答が寄せられていた。

　この傾向は，荷主企業が自社の関連会社としての物流会社を，今後も設けることでさらに強まってゆくものと考えられる。

　従来は，直接取引できていた関係が，この物流子会社を通じた取引となり，下請けの階層が無条件で一つ加わったということを意味する。

　流通業界では一般的である，川上から川下に至るまでの中抜けを講じてきていることとは対照的に，敢えて子会社を間に挟むことで，メーカーとしては危険負担を排除することが可能となる。

5　労働力不足が最大の課題

　多重構造の弊害は運賃水準の低下のみではない。昨今，運送業界における深刻な課題は，将来に向けての従業員不足である。

　ご存じの通り，少子高齢化は今後もますます進むものと思われる。一人の女性が生涯に出産する子供の数（合計特殊出生率）が1.26（平成17年度）といわれたのは記憶に新しい[7]が，結婚しない若者が増えてきていることは，それ以上に深刻さを増幅させている。

　また，トラックの多くは未だにマニュアルシフトが主流である。しかしながら，取得する運転免許の種類で見ると，岐阜県内では女性の約9割，男性

に至っても約2割がオートマ限定免許を取得している現状である[8]。

　乗用車メーカーは，一部を除きマニュアル車の生産を打ち切っていることから，世の中でマニュアル車を探すことが難しくなっている昨今において，ドライバーを確保するということが構造的にも難しくなってきているのである。

　このようなことを受け，オートマチックトラックの導入も進みつつあるものの，燃費や積載時のクイックレスポンスなどにおいて分が悪く，マニュアル車に後塵を拝しているのが実態である。

　もっとも，この両者についてはメーカーが蓄積している技術力で今すぐにでもカバーできるものと思われるが，問題は価格面であり，需要と供給との駆け引き次第であろう。

6　形態を変えつつある運送事業

　このようなドライバー不足状態においては，トラックを保有しない運送会社の存在が加速することが懸念される。

　メーカーの物流子会社に加え，大手運送会社や，それに準ずる運送会社においては，自社の営業力で物量を確保するものの，人やトラックの不足により協力会社に依頼（傭車）することも考えられる。

　中小零細規模の事業者においては，"営業部門が存在しない"と以前よりいわれ続けている。運賃が安くなる（中間マージンを支払う）ことは承知の上ではあるが，荷主企業に対する営業に投資する労力を廃止し，同業他社の下請けにまわることの方が得策と考える向きもあったためである。

7　傭車の有効的活用

　実際，荷主企業も傭車が増えつつあるとの認識を持ち始めている。

　背景には，量的変化に対するリスクヘッジゆえ，このような対応を取らざるを得ないのであろうが，荷主企業の顧客（着荷主）によっては，傭車を嫌うケースも見られる。

どうしても外せないルートには専属の運送事業者を配車するなど，その都度相談の上で輸送を行っている荷主企業の実情も垣間見られる。

8　変化している傭車事情

　同業他者が元請になっていた時期においては『生かさず殺さず』の関係の下，これはこれで立派な経営戦略でもあった。

　しかしながら昨今，メーカー系列の物流子会社が総元請になってきた頃から，この構造に亀裂が生じ『干上がった蛙』が各地で生み出されてきている。

　業界が自ら作り出した多重構造といえなくもない面もあるが，そのしわ寄せは間違いなく"より下位のもの"に及ぶものであり，それが過労運転や，強いて言えば交通事故の誘因にもなるのであれば，排除しなくてはならない。

　誰かに，どこかに無理を強いる関係は，パートナーシップの定義に含まれていないはずである。

第3節　費用計算（コスト）や独特の商慣習とパートナーシップ

　次に，費用計算（コスト）や独特の商慣習についてである。

1　トラック運送事業における原資＝運賃

　トラック運送業界全体の収入はおよそ14兆5千億円で，海運などを含めた総貨物輸送の6割ほどを占めている（平成26年度）[9]。

　これまでに述べたこととも重複するが，『安全・安心・迅速』という運送の使命を果たす原資といわれるものが運賃であり，それを得るために投じるのが運送コストである。

　運賃は，その運行を行うに当たり必要とされる経費（コスト）に適正利潤を加えて算出するのが基本である。

　この運賃は，現在の貨物自動車運送事業法になる以前であれば，国土交通

省（当時は運輸省）が定めた『認可運賃』であり、それは実際の運行実態からはじき出された数値や、その時々の消費者物価指数などから求められ、タリフ化されたものであった。

2　運賃収受の実態

　ところが、このように国が認可し、定められたものであったにも関わらず、その額面とおりを収受できたかというとそうではなく、業界では『適正運賃収受運動』なるものが毎年のように叫ばれ、繰り返えされてきた。

　もっともこの認可運賃は、例えば岐阜から東京へ運行した場合、復路は空車で戻っても採算が合うように計算されたものであった。賢い運送事業者ならずとも、運賃を減額してでも複荷を確保さえすれば、それは余剰利益となり『帰りの運賃はいくらでも良い』という、信じられないような交渉もまことしやかに行われていたといわれる。

　但し、営業区域という規制が存在し、仕事（荷物）を取りたくても取れない状況も一部にはあったことも事実である。

3　荷主企業に翻弄される運送業界

　このように当初は、需要と供給を見込んだ運送事業者側の営業方策であったものが、いつしか荷主業界側のイニシアティブにより、業界でしか通用しない『立ち運賃、帰り運賃』などという言葉が定着するに至ったのである。

　一般的な運賃は、輸送距離と輸送トン数から算出するものが基本となるが、引越のような短時間で終わるものもあり、一言で運賃といっても、多種多様である。

　加えて、作業に係るものや実費を負担するものに至っては別途請求するということになっているのだが、先方の都合による積卸し時の『車両留置時間（手待ち時間）』や、高速道路を使用した場合の『有料道路利用料』などは、運送契約を締結するときに余程徹底しない限りは『運賃に含む』とされることも決して珍しいものではない。

よく,『それはサービスしておいてよ』などといわれるが,サービスは便利を提供することであり,提供した対価を無償にするものでは決してない。

なお,この運賃はあくまでも荷主の『庭先』での取り卸しを前提とし,倉庫の奥や2階までの搬入・搬出（横持ち,縦持ちなどと称する）などは別途請求が可能となるのであるが,現実は『無償サービス』とされることが多い。

4　原価計算の必要性

これはなにも荷主企業だけが悪いのではなく,前述の営業部門を育成していないことも少なからず影響しているとも思われる。

適正な運賃交渉は,運賃原価計算を正しく把握することで可能となるが,原価（コスト）の把握がままならないようなケースでは,自ずと荷主側の主張を受け入れざるを得ないことも否めない。

これが,"適正原価に基づく運賃"ではなく,"どんぶり勘定的運賃"といわれるゆえんでもある。

5　何故,運賃等の交渉を持ちかけないのか

ここまでは,運送事業者側からの状況を述べたが,荷主企業としてはこの現状をどのように感じているのであろうか。

全体の考えを反映させたものではないが,荷主企業として予算を組む場合に物流費用というのは大きなウエイトを占めていることから,その割合には衆目が集まる。

結果如何では,物流担当者の人事にまで影響するとも仄聞されるが,その人をもってして『どの運賃が妥当なものかわからない』という声をよく聞く。

企業が他社に何かを依頼する時には必ずと言って良いほど見積もりを取るが,複数社に依頼する（相見積り）場合,当然のことながら事業者によって差異が生じる。想定内のものであれば理解もできるが,明らかに突出して開きのある場合は,他人事ながら心配になるといわれる。

通常,最低価格の見積提出事業者に依頼することとなるが,単にその運

送を取得したいという理由から適正コストを大幅に逸脱したものである場合などは，それが今後の指標となり，業界の水準を決定してゆくこととなる。

6　長時間労働と健康起因に係る事故の増加

　ところで昨今，極めて問題とされることは，提供した輸送サービスに対する適正運賃を収受できないことは勿論であるが，積卸しが時間とおりにできないことによるドライバーの労働時間の長時間化である。

　厚生労働省の公表資料[10]にもあるが，陸上での運送事業者における労働基準法やそれに根拠をおく『自動車運転者の労働時間等の改善のための基準』いわゆる改善基準と呼ばれるものの法令違反は，高率が報じられている（表1-1）。

　過労は，当然のことながら運転業務に多大な影響を与えることになる。健康に起因する事故が富に増え，特にプロドライバーには脳や心臓疾患を原因とする事故が多く報告され，しかも死亡率は群を抜いている。

　工場や事務所であれば，症状の表れと同時に周囲が救急体制を敷いてくれるが，一人での業務が大半のトラックドライバーでは，例えば脇道にトラックを移動するのが精いっぱいで，この現況が生死を分けている。

　以前であれば，ドライバーによる居眠り運転が事故の原因と処理されていたものも多く存在したが，それらの中には『睡眠時無呼吸症候群』という，

表 1-1　自動車運転者を使用する事業場に係る労働基準法関係法令の違反状況
　　　　（平成 27 年）

	監査実施事業所	改善基準告示違反事業場数	改善基準違反の主な違反事項				
			最大拘束時間	総拘束時間	休息期間	連続運転時間	最大運転時間
トラック（全国）	2,783	1,944	1,544	1,254	1,216	947	599
	100.0%	69.9%	55.5%	45.1%	43.7%	34.0%	21.5%
トラック（岐阜）	67	52	43	31	39	31	26
	100.0%	77.6%	64.2%	46.3%	58.2%	46.3%	38.8%

れっきとした病気によるものも含まれていたと思われる。

　良い仕事を行うための原資は『体力』であり，それを支えるのが健全な労働環境である。適正な運賃収受がこれらを可能にすることは言うまでもなく，運送事業者側のより高次元でのサービス提供と，荷主企業側の理解と協力とのマッチングが望まれる。

　これぞ，手と手を取り合う，パートナーシップの理想の形態と思われる。

第4節　日本独特の商慣行とパートナーシップ

1　在庫の圧縮のため，仕入れ～製造～販売の基本を見直し

　製造や流通におけるものの流れは，仕入れたものに加工または組み付けを行う，あるいは多品種のものを一同に取り揃え，ユーザーに対し商品を提供するというのが一般的である。

　この場合の販売数量は，あくまでも予測となり，その予測が外れた場合などは，不良在庫あるいは廃棄処分という危険負担も伴うこととなる。

　そのようなことから最近は，この流れを逆転させ，受注に応じた仕入れを行うことでコストを抑制する方向に向かいつつある企業が増えてきている。

　不良在庫の存在は，スペースを確保する必要から，賃借料等のコストも発生し，しかもそれが長期化すればコスト回収はままならず，廉価での叩き売りの要因となる。これは，企業体質維持にとっても決して良い状況ではなく，企業が頭を抱える所以である。

　なお，以前であれば企業は良いものを作れば売れるという，神話めいたものが存在したが，ユーザーの購買心理は複雑かつ多岐にわたるようになり，そのニーズを把握したものでなければヒット商品は生まれないと言っても過言ではない。

2　市場の読み違いが企業生命を危うくする

　日本技術の粋を極めた秀逸品は，ステイタスさも加わり市場を席巻してき

た。かつて"亀山モデル"と称したテレビが代表格であろうか。

　ところが最近では，装備も機能もギリギリまでに絞り込んだ，かつてであれば選択肢にも入ってこないようなものにその地位を奪われ，結果として斜陽となっている様は，市場の動向把握の重要性を如実に物語っている。

　消費者ニーズを誘導する市場動向は，その価格帯までも決定してゆく。"良いものは高くても売れる"という原理原則が通用しないのと同様に，いまでは"売れるものを売れる価格で製造する"という発想から商品開発を進めていかない限り，変化する市場にはついて行けなくなるのは明白である。

3　着荷主の位置づけと要求されるサービスの現状

　これと同様なことが輸送サービスにも当てはまる。

　運送事業者が輸送を完結した時に支払われるのが運賃であり，その多くは発荷主からの依頼に基づくことから，請求先は発荷主となる。

　この意味から発荷主は，運送事業者に対し様々な要求を行うが，運送事業者は着荷主に製品を届ける段階において，納品時間の厳守，卸場所の指定など，発荷主以上に多くの要請を受けることとも珍しくない。しかもこの実態は，発荷主では把握すら出来ていない。

　ご存知の通り，商品の荷姿は一様ではなく，卸し方も千差万別である。また，ドライバーは運転業務の他に，積卸し作業も重要な業務に位置づけられている（本来ドライバーが行う業務ではないが，このサービスは当然のようにどの現場でも見受けられる）。

　リフト等マテハン機器が用意されておればまだしも，それらが無い場合は手作業になる。工場，倉庫等以外の現場と称される場所への直接納品の場合は，それら機器を期待するほうが無理とも言われる。

　業界が問題視している"労働時間の長時間化"は，このようなことも要因の一つとして，多くの現場で頻繁に見受けられるのである。

4　発荷主・着荷主・運送事業者が出来うることを行う

"手待ち時間"は，発・着荷主ともに生じるが，残念なことに運賃には反映されることは皆無に近い。各社が届けている運賃表にはその価格（車両留置料）が盛り込まれているにも関わらずである。

この労働時間の長時間化は，健康に支障をきたし，それに起因する事故を誘発することも考えられることから，国土交通省としても重要課題として対応を協議している[11]。

協議会での意見を伺うに，双方ともが相手側の実態を正確に把握しているかというと，そうとは限らないことがそもそもの根源と受け取れる。

まずは対話を繰り返し，現状の問題点を顕在化させる必要があるのではなかろうか。見えてきた課題に対しては，発荷主・着荷主・運送事業者がどのように取り組むのか，どのような改善策を講じることが可能なのか，などを真剣に話し合うことから良好なパートナーシップが生まれるものと確信する。

第5節　着荷主とパートナーシップ

1　真の要求は着荷主から生じる

通常，運送業界における顧客とは，その対価をいただける相手，すなわち発荷主を称することが多い。必然，営業を行う場合は足しげく通うことになるが，発荷主にとっての肝心の顧客は着荷主なのである。ゆえに，発荷主からの運送会社に対する要求は，着荷主から発荷主へ課された要求のトレースに他ならない。

2　コスト負担は運送会社に

しかしながら発荷主側においては，着荷主側での作業態様の詳細については伝わらないことが多い。運よく伝えられたとしても『先方の言うように頼みます』などと，あくまでも顧客を立てる応対に終始するのが通常の対応で

あろう。

　これでは，たとえば卸し地での待機時間が発生したとしても『それは先方の都合だから，うちの運賃には反映できないから』と，コストはすべて運ぶ側に押し付けられるのが現状である。

　マイナス金利の言葉を借りるのであれば，『依頼に応じ運んでいる人が，運送会社の責任ではなく，本来負担する必要のない時間外などのコストを負担している』ということになり，世間の常識からして理解できない範疇に入るのではなかろうか。

　しかしこれが，連綿と続いてきた現実なのである。

3　着荷主の倉庫は情報も満載

　運送会社側にも非がないわけではない。着荷主の意向を一番気にしているのは，他ならぬ発荷主なのである。そのため，発荷主の営業マンは着荷主に接触を試みるが，さすがに倉庫の奥までは入り込むことはできず，どのような商品が納入されているのか，他社のウエイトは高まっていないか，などの情報を得ることは不可能に近い。

　しかしながら運転手は，幸いなことに倉庫の奥の奥にまで『先入れ先出し』の原則に基づき毎日のように入り込んでいる（この行為自体は，運賃の対価に含まれていない"その他の付帯作業"に値するのであるが，ここでは不問とする）。

　担当ドライバーは，いわば極秘情報の山を毎日のように眼にしているのであるから，その変化に気づくのも容易である。その情報を発荷主にフィードバックすることで，発荷主の製品改良や受注増につながれば，それが輸送量の増加にもつながってゆく。

　ある意味，タブーとも思われるような手法ではあるが，このようなことをはじめ，配達先の物流担当者との何気ない会話にヒントが隠されていることがある。それらを，発荷主側に提供することこそ，運送会社の顧客が望んでいることでもある。

4 これからの提案物流

　情報提供は荷物に限ったことではなく，システムについても同様であろう。先の手待ち時間なども，近隣の遊休地があれば一時待機場にする，小ロット用の受け入れ窓口を新設する，など，現場での不都合を『改善』という名目に置き換え，提案することも先方は待っているのである。

　荷主業界は，それでなくても24時間稼働や，騒音・環境問題など，近隣に対しては常にアンテナを張り続け，配慮を欠かさない。トラックの列が道路に溢れかえるなど，もってのほかである。運送業界がおかしいと感じることは，口にはださないものの荷主業界も感じていることではなかろうか。

　着荷主側への提案なども積極的に行いたい。運送会社は，配達が終われば次の仕事に向け気持ちを切り替える。いち早く立ち返り，翌日の配達に備えることも求められる。帰り荷を利用運送事業者（水屋）に問い合わせることもあろう。

　しかし，着荷主とて，発荷主候補者ではないのか。納入された荷物は，加工や組み立て，梱包などをへて，再び市場へと出回る。その輸送は誰が行っているのか。他ならぬ，同業他社なのである。

　頻繁に提案などを行う会社は荷主にとってもありがたい会社ゆえ，自社製品の輸送を依頼されることがあるかもしれない。

　しかし，ここで間違ってはいけない。荷主は，従来の運送会社と競わせることで単価を下げようとする傾向にあり，実際に安価と思われる見積もりを提示する運送事業者も見受けられる。おわかりであろうが，輸送サービスは金額のみで判断できるものではない。その輸送を誰が行うのが最も効率的なのか，という要素も加味したい。

5　効率の良いGive & Take

　荷主から直に依頼されることは良いことには違いないが，遠隔地にある顧客のニーズを常に100％充足できるものではない。自社に戻る方向にある圏域をいただく，あるいは，既存の同業者を通じて（傭車）仕事をもらう，など

の,『今』ではなく『将来』を見据え,最終ユーザーのメリットを常に考えた判断を期待したい。

そのようにして結びつく関係は,たとえば震災などのときにおいても強固なものとして機能するのではなかろうか。それがパートナー魂,パートナーシップである。

第6節 社会的責務とパートナーシップ

1 トラック業界における交通事故防止

トラックは,公道をその職場としているといって過言ではない。ということは,その恩恵を受けているトラックが起こす事故により,多くの道路交通に支障を生じ,何よりも多くの尊い命が奪われるということはあってはならない。

しかし,現時にはそれが毎日のように起こっている。

トラック運送事業者は,日々法令遵守に取り組むが,事故の大半は,信号無視や速度超過などという道路交通違反によるものではなく,私たちの漫然

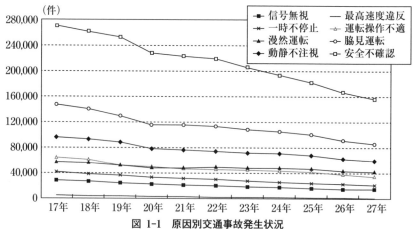

図 1-1　原因別交通事故発生状況
警察庁　平成27年における交通事故の発生状況

運転（わき見，動体不注視，安全不確認含む）が呼び起こす判断ミス，動作不良に寄るところが多い（図1-1）。

それでは，どうすればトラック事故は防ぐことができるのか，減らすことはできるのか。

最近の乗用車にあるように，ドライバー自身によるミスを補うような装置がトラックにも装備され始められてきている。まだまだ，すべてのトラックについているわけではないので，安心面には不安が残るが，そもそも安全は人やものに頼るものではなく，暴走自動車の巻き添えなどを除けば，自らで守るものであるいわれる。

2　荷主との協働による事故防止活動

運送会社には，指針[12]に基づく定期的な社員研修が義務付けられているが，これ以外にも運転のイロハから，最近の事故情勢など，マニュアルに沿った指導教育が行われ，その場に荷主企業からの出席者が同席することも珍しくない。

"意外"と思われるかもしれないが，運送業界における事故は，道路上での交通事故は少数であり，大半は作業中での事故なのである[13]。それも，荷主敷地内（加えて配達先）での転落，はさまれ，などの労災事故が大半であり，荷主企業にとっても，自社内での労災事故は労働基準監督署から眼をつけられるという理由からだけではなく，防ぐべきものの一つであろう。

その意味からの同席や，荷主の安全大会へ契約運送会社の出席要請など，連携を取った取り組みは，今では当然のように行われている。

3　環境への配慮

安全を取り入れた車両の使用がうるさく言われるはるか以前から，トラックは環境に配慮したものになっている。

地球温暖化の原因である二酸化炭素の排出が少ないディーゼルエンジンは，その代わりに NOx あるいは PM という発がん性のある物質を多く排出

するということで，時の石原東京都知事の指摘をうけ改良に改良が重ねられた。

その後，石原知事からも『東京の空がきれいになった』とお礼の言葉が業界に述べられたことは業界にとっても一種の達成感があった。

しかし，改良された安全装置やエンジンの開発費は，車両単価を押し上げ，その負担は運送会社を直撃している。

大都市圏への乗り入れ規制をクリアするため，指定地域での車両配置を行うがため余儀なくされた車両代替は，間違いなくコストに影響しているのだが，輸送の対価である運賃に反映されることはほとんどなかったといってよい。

大半は，運送事業者が抱えきるものと理解されてきたのである。これでは，法令遵守のための諸施策に限界が生じ，ほんの一部の良からぬ事業者による不祥事が，更なる規制強化をもたらすなど，『正直者』にとっては住みづらい業界になっているのが現状である。

しかし，業として許可を得た事業者の多くは，これら状況にあってもライフラインの担い手としての社会的使命を全うすべく，365日，津々浦々を駆け巡っている。事業者1社と同業他社との連携，荷主業界との連携等が必須となる。その相手が大切なパートナーとなる。

4　中小企業への指導

自社での努力には限界がある。行政からの助成金なども，その使途や予算額に制約があり，すべての事業者が恩恵を享受できることはない。

取引相手先である荷主企業も，その業界での熾烈な競争に勝ち抜くことが求められるゆえ，外部に対する要求（締付け）は自ずと厳しいものとなる。

しかしながら，記憶に新しい震災とまでは言わなくとも，国内物流の90％以上を担う[14]トラックが機能しなくなるということは，荷主企業の生産計画にも大きな影響を与えるものである。しかも，緊急物資の輸送もままならなければ，地域は孤立し人命すら危ぶまれることとなる。

今，自らがおかれている業務や立場が，誰のため行っているのか，誰のためのの幸福につながってゆくのかを考えれば，手を携える相手は自ずと見えてくるのではないだろうか。企業規模の如何に関わらず重要な視点である。

それが，真の意味でのパートナーであってほしいと願う。

第7節　地域の意向調査結果

1　パートナーシップの受け止め方
1）全般の調査結果

それでは，アンケートの結果を見ることとしよう。

このアンケートは，平成27年2月に，荷主企業と運送事業者に対しほぼ同様の質問を行い，回答を比較したものである

> 1）パートナーシップの現況（複数選択可）
> ①常に需要側（荷主企業）の立場が優先され，供給側（運送事業者）の意向はなかなか受け入れにくいのが現実である
> ②相手企業によってはかなり対等な関係にあると考えられる
> ③総じて対等な関係が維持されている
> ④その他

設問1では『パートナーシップの現況』に対する意向を問うている。

本問では，荷主と運送事業者間で考え方に大きな相違が見られるのは興味深い。

荷主企業からみて運送事業者は，65.5％が『総じて対等な関係が保たれている』ものであり，文字通りパートナーシップと，第1順位で回答している。

これに対し運送事業者は『総じて対等な関係が保たれている』との回答はほぼ半分の34.8％に留まり，順位も2位に甘んじている。

一方で，運送事業者の第1位には，『需要側の立場を優先し，供給側の意向

表 1-2 設問 1 パートナーシップの現況（荷主・事業者別）（複数選択）

	荷主		事業者	
	MA	率	MA	率
①需要側の立場が供給側に優先	34	19.5%	62	45.9%
②企業によってはかなり対等	13	7.5%	27	20.0%
③総じて対等	114	65.5%	47	34.8%
④その他	6	3.4%	3	2.2%
無記入	12	6.9%	3	2.2%
回答数	174		135	

が受け入れられない』とする回答が約半数の 45.9％ にのぼる。

　このことは，荷物を持つ側の意向は，持たざる者にとっては妥協できるものばかりではなく，時には圧力にも感じられているということの表れと推測できる。

　荷主企業にとって輸送依頼は，相手が受け入れることを前提としているとは言えないであろうか。物言えぬ相手に対しては，通常のものの言い方といいながら，選択の余地は無いに等しく，それゆえに荷主企業の意向通りに進むことから，荷主企業の注文とおりに協力いただいているベストパートナーと称しているのが実態であろう。

2) 業種別・規模別調査結果

　興味深いのは，10両以下の小規模運送事業者においては，『総じて対等な関係が保たれている』との回答が第1順位ということである。この多くは元請け，下請けの関係があるものからきていると想定される。

　それ以上の規模では，『需要側の立場を優先し，供給側の意向が受け入れられない』との回答であることから，小規模運送事業者の取引先も同様に小規模な荷主であり，物流に対するノウハウが少ないこと，互いに試行錯誤している過程にあるのではないかと推測される。

　その結果，お互いが無理を言うことはなくパートナーとしての位置づけに徹しているのではないだろうか。

表 1-3 設問1 パートナーシップの現況（業種・規模別）（複数選択）

荷主	規模別					顧客業種別				
	20人以下	300〜21	301人以上	不明	総計	建設業他	製造業	不明	流通業	総計
①需要側の立場が供給側に優先	10	19	3	2	34	10	17	0	7	34
②企業によってはかなり対等	2	6	3	2	13	2	8	0	3	13
③総じて対等	26	68	14	6	114	32	59	3	20	114
④その他	1	1	3	1	6	1	4	0	1	6
無記入	4	2	1	5	12	5	4	2	1	12

事業者	規模別					顧客業種別				
	10台以下	30〜11	31台以上	不明	総計	その他	製造業・流通業	不明	物流業	総計
①需要側の立場が供給側に優先	14	25	19	4	62	11	18	1	32	62
②企業によってはかなり対等	6	11	10	0	27	4	6	0	17	27
③総じて対等	18	19	10	0	47	15	5	1	26	47
④その他	0	2	1	0	3	2	0	0	1	3
無記入	0	1	0	2	3	0	0	3	0	3

　但し，10両以下の規模の運送事業者においても「需要側の立場を優先し，供給側の意向が受け入れられない」とする回答とは僅差であり，全体としては意思疎通には至っていないと思われる。

　なお，第3順位は両者とも『相手によっては対等である』と回答しているように，自社にとってより強固なつながりのある相手によっては，何事も相談できる相手ということなのかもしれない。

　しかし，その割合を見るに，荷主企業から見た運送事業者は，運送事業者から見た荷主企業の割合の1/3に過ぎず，運送事業者の片思い的な思い込みも含まれているのかもしれないことに注意を要する。

2 パートナーシップのあるべき態様

次に設問2『パートナーシップのあるべき態様』である。

> 2）パートナーシップのあるべき態様（機能・組織）（複数選択可）
> ①効果的な関わりを持てるよう，関連情報を常に収集し，共有する
> ②両者の関係の明確化のために需要関係の把握や下請け業者の動向にも考慮する
> ③関係により，現実には運送事業者にとって好ましい関係を保つことは困難である
> ④その他

1）全般の調査結果

前述の設問1では，相手に対する考え方を正直に回答いただいた。その現況を鑑み，ここでは云わば，理想といえる関係を問うているのである。

設問2では荷主企業と運送事業者による順位の違いはなく，①関連する情報の共有，②需要関係の把握，の順となっており，その割合も両者ともほぼ同じであった。

このことは，"現実にはこのようにはできていないが，理想としてはこうしてゆきたい" という将来的な，半ば願望を表しているともいえ，それゆえに回答が一致するということでもあろう。

それがゆえ，第3順位においては，荷主企業が『現実には荷主企業に優位である』と回答し，運送事業者は『荷主企業と好ましい関係を保つことは困難』と回答していることから，理想と現実の狭間において，葛藤する物流業界の縮図が垣間見られるというものでもあろう。

なお，この種の設問では，実際には優位にあると自らが感じている者（ここでは荷主企業）にとっては，回答しづらいということもあるのであろうか，その他（1.1%　運送事業者は0.0%），無記入（7.5%　運送事業者は3.0%）と明言を避けている様子も伺える。

表 1-4 設問 2 パートナーシップのあるべき態様（荷主・事業者別）

パートナーシップのあるべき態様 （機能・組織）（複数選択可）	荷主		事業者	
	MA	率	MA	率
①関連情報の収集と共有	99	56.9%	89	65.9%
②需要関係の把握。動向に考慮	62	35.6%	37	27.4%
③荷主企業に優位	22	12.6%	37	27.4%
④その他	2	1.1%	0	0.0%
無記入	13	7.5%	4	3.0%
回答数	174		135	

　このあたりを見直してゆくことが，真のパートナーシップを構築する上では必要になるものと考える。

　相手の，"かゆいところに手が届き，それを癒してあげる関係"こそ，パートナーシップの有り様であろう。

　2）業種別・規模別調査結果

　規模別，業種別で見た場合でも傾向は同様である。

　パートナーシップの現況を問うた設問 1 では意見が分かれ，パートナーシップの理想を問うた設問 2 では合意がみられることはある程度想定済みであったが，この差をなくしてゆくことこそが互いに求められることと感じる。

3　荷主企業にとって好ましい運送事業者

3）荷主企業にとって好ましい運送事業者とは何か（単一選択）
①運賃の値上げや時間指定解除などの要請を行わない事業者
②わが社の物流システムについて積極的に提案する事業者
③販売の促進や生産の効率化について提案する事業者
④その他

表 1-5　設問 2　パートナーシップのあるべき態様（業種・規模別）

荷主	規模別					顧客業種別				
パートナーシップのあるべき態様（機能・組織）（複数選択可）	20人以下	300～21	301人以上	不明	総計	建設業他	製造業	不明	流通業	総計
①関連情報の収集と共有	20	60	14	5	99	16	61	1	21	99
②需要関係の把握。動向に考慮	12	39	7	4	62	22	28	1	11	62
③荷主企業に優位	7	12	3	0	22	11	9	0	2	22
④その他	0	0	2	0	2	1	1	0	0	2
無記入	4	1	1	7	13	5	3	3	2	13

事業者	規模別					顧客業種別				
パートナーシップのあるべき態様（機能・組織）（複数選択可）	10台以下	30～11	31台以上	不明	総計	その他	製造業・流通業	不明	物流業	総計
①関連情報の収集と共有	23	37	27	2	89	25	18	0	46	89
②需要関係の把握。動向に考慮	12	14	10	1	37	8	6	1	22	37
③荷主企業に優位	10	15	10	2	37	5	10	2	20	37
④その他	0	0	0	0	0	0	0	0	0	0
無記入	0	1	1	2	4	1	1	2	0	4

1）全般の調査結果

設問 3 は，『荷主企業にとって好ましい運送事業者』『運送事業者にとって好ましい荷主企業』を聞いている

前述の設問 1 および 2 が双方にとって同じ内容の質問であったが，この設問に関しては，双方が理想とする荷主企業・運送事業者について回答するものである。

もちろん運送事業者の回答は荷主企業の意向を考慮した回答にもなりかねず，そこには自社としての本音が語られないケースも含まれていると思われる。

パートナーに良く思われたい一心からの『着飾り』もないとは言えないが，

表 1-6　設問 3　好ましい荷主企業（運送事業者）とは（荷主・事業者別）（単一選択）

	荷主		事業者	
	MA	率	MA	率
①厳しい要請のない事業者	33	19.0%	53	39.3%
②提案・支援事業者	99	56.9%	62	45.9%
③販売促進等の提案事業者	24	13.8%	20	14.8%
④その他	9	5.2%	3	2.2%
無記入	12	6.9%	2	1.5%
回答数	174		135	

荷主企業の回答はそのあたりは関知せず，厳しいものとなることが想定されている。

案の定，その回答状況からは違いが見て取れ，順位こそ，同じになっているとはいえ，その構成比は相当に差異が生じている。

双方ともの第1順位は，『物流システムへの積極的提案をする事業者』を上げている。このことは，昨今の輸送需要に的確に対応し，より少ない投資で最大の効果を得るという理にかなった方策を追及するがゆえの結果とみることもできる。

特に運送事業者にとっては，運賃水準も大切なことではあるが，それの改定は同業他社等との競争原理の中，自社のみに好条件をいただくことは不可能というのが暗黙の了解にある。然れば，その次に荷主企業に要求するのは時間等の短縮，作業効率の改善に他ならない。

最近でこそ，原油価格が安値に振れている（図1-2）ものの，少し前までの燃油価格の高止まり，燃料サーチャージの収受がままならない状況下においては，待機時間（業界では手待ち時間と称する）の短縮は燃料消費量の抑制に直結する。

しかも，手待ち時間を理由にした運賃交渉は，1社で行うならいざ知らず，2社以上の複数会社で要請するようなことがあれば，公正取引委員会がたちどころにストップをかけてくる。

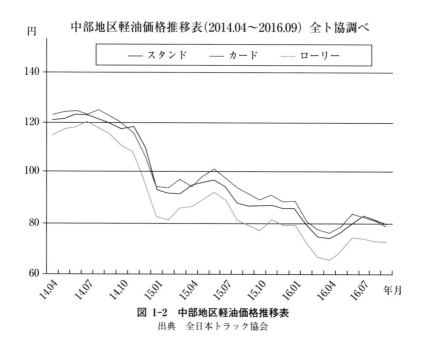

図 1-2 中部地区軽油価格推移表
出典　全日本トラック協会

　この場合の運賃の水準であるが，運送事業者にとっては安価と思われる，到底受け入れがたい運賃であっても，『その地域においての相場的金額と推測される場合であっては，その金額をもって常識を逸した価格と判断しない』との見解を公正取引委員会は示している。
　このことは，自社の届け出運賃や，原価計算に基づき算出された運賃単価とかけ離れていることをもって，即座に荷主の優越的地位の乱用と判断されることはない，とするのが公正取引委員会の考えなのである。
　全ての運送事業者にとって，日々変化する物流コストを的確に把握したうえでの原価計算を行う習慣付けが求められるのであるが，現状ではそのノウハウという点から，また同業他社の動向から，あるいは荷主との関係から，などを鑑みても，現行の水準を改善することは至難の業であると考えせざるを得ない。

荷主企業にとっては，自社製品がどのような経緯をたどり顧客に届くかという図式は，関心事ではあるが優先順位はそれほど高くはないと思われる。委託したものは，時間とおりに届くことが前提というより当たり前になっているとの認識の下では，イレギュラーこそ想定外なのである。

　しかしながら，その過程を省力化，あるいは改善することができれば，それはすなわち外注費負担の軽減に直結するという，どちらかというと誤った認識が荷主企業の多くに蔓延している。

　このような状況にあっては，改善することで運送事業者の負担を軽減させるというより，結果として自社の持ち出し分（コスト）をカットできるという目標遂行のために躍起になっている結果と思われる。

　運送事業者は荷主企業に対し，計画的な出荷体制や積卸し作業の効率化，状況に応じた輸送ルートの選定，などに常に配意してもらうことで，労働力への負荷軽減と輸送の定時制維持に協力してもらいたいとの思いが強いと思われる。

　荷主企業によっては，輸送依頼はFAXやメール等で送信し，配達完了時の報告については荷主企業指定の用紙に同じことを記入させ記載しなければならないと規定されている。その記載内容は，稼働時間，走行距離，輸送品目及び積載量，積込・積卸場所，など多岐にわたる。

　通常の貸切輸送（1ヵ所で積込み，1ヵ所で卸し）であれば，乗務日報の記載は短時間で済むものの，複数個所での作業ともなれば，それに要する時間は長くなり，しかも荷主指定用紙でも報告をする場合の負担は相当にのぼる。

　荷主企業からの輸送依頼の多くはメールやFAX等で受信したものが多いのであれば，運行終了後にそちらにチェックをするなど，簡素化への提案は枚挙に暇がないのではないか，とさえ感じさせられる。

　しかし，これら実態が変わらない背景には，荷主企業が求める提案は，極端な言い方をすれば荷主企業の省コスト化に結び付くものに限られ，運送事業者が切磋琢磨し，奮闘することに対する省力化策については，想定されていないのかもしれない。

第2順位は, 双方とも運賃や時間に細かい要請を行わない事業者を好ましいとしている。しかしその割合は, 運送事業者は39.3%と第1順位と6ポイントほどの差しか見られないのに対し, 荷主企業は19.0%と38ポイントもかけ離れたものである。

　このことは, 運送事業者にとって, 運賃の減額要請や時間指定というものが相当重くのしかかっていることを如実に物語っている結果と思われ, 常にこの2つの事項が交渉の優先権を握りつつも, しかしながら遅々として進まない現状の反映と思われる。

　一方, 荷主企業においてポイントが低いのは, この案件を持ち込むこと自体が非合理とでもいうように, 交渉事の要件に位置づけられていないのではないかとすら思われる。

　非難を承知のうえでの表現を用いるのであれば,『言われたとおりに運べばよい』ということなのであろうが, これでは, 真の友好関係を築くことは不可能であろう。車の両輪ではないが, どちらか片方が, ほんの僅かなぬかるみや轍に落ちただけで走行に支障が生じるのと同様, どこかに, 誰かに, しわ寄せが集中するのであれば, 良いものは構築できないばかりか, 既存のものすら崩壊してしまう危機に直面するのではなかろうか。

　第3順位は, 生産・流通という立場の荷主, 輸送という立場の運送事業者の枠を超え, 荷主は輸送分野にも, 運送事業者は生産・流通分野にも提案を行うことを好ましいとしている。

　運送事業者にとっては, 荷主製品の出荷管理等にまで踏み込むことは, 例えば3PL（サードパーティロジスティクス）と称し, 従来からも行われている。

　荷主の商品を管理するということは, その動向を常に把握することであり, 同業の運送事業者に先んじることにつながる。このことはつまり, 配車を手中に収めることそのものであり, そこには他社が割り込む間隙を与えないという非常に大きなメリットが得られる。

　販売促進という点では, 運送事業者は着荷主の倉庫等の奥の奥まで入り込むことが許されている（これは本来の輸送業務を超えているが）ことから, 着荷主

の仕入れルートや売れ筋商品などもある程度把握できるのである。発荷主にとっての動くアンテナショップ的な役割を演じるのが運送事業者なのでもある。

　その情報は，発荷主の営業マンがいくら優れていようと着荷主の倉庫内には案内されることがなく，よってその動向をキャッチすることは至難の業であることを考えるに，運送事業者からの情報は喉から手が出るほど欲するものであろう。

　反対に，荷主企業から運送事業者に対する提案については列挙するものが少ないと感じる。というのは，前述のように荷主企業の製品は，販売という行為の結果を受け，購買者まで移動させることが前提となっているゆえんであり，その意味では効率化というより選択の余地のない作業といえるのではなかろうか。

　しかし，このあたりを真剣に考え始めている荷主企業も現れ始めていることは有り難いと感じる。

　強いて例を挙げるのであれば，流通市場関係の輸送であろうか。

　生鮮市場で扱う鮮魚や生鮮食品の類は，需要と供給にてその日の価格に大きな差が生じる。需要の大きな市場に持ち込むことができれば売上総額のアップも見込めるが，反対に商品がダブつくような市場ではせっかくの良品も二束三文になってしまう。荷主によっては，当日の市場ごとの相場を把握し，取引単価の高い市場に向かうよう逐一指示を出すといわれ，そのための情報収集システムと併せての荷主の提案であろうか。

2）業種別・規模別調査結果

　規模別，業種別で見た場合，微妙な差が浮かび上がってくる。

　運送事業者における全体での第1順位は『物流システムへの積極的な提案・支援』をする荷主企業を上げているのは11〜30両規模，製造・流通・物流業においてであり，それ以外では『運賃や時間に対する厳しい要請をしない』荷主企業を第1順位に挙げている。

　システムの構築等は，ある程度の域に達すればその後はルーチン的に稼働

表 1-7 設問3 好ましい荷主企業(運送事業者)とは(業種・規模別)(単一選択)

荷主	規模別					顧客業種別				
	20人以下	300～21	301人以上	不明	総計	建設業他	製造業	不明	流通業	総計
①厳しい要請のない事業者	11	21	0	1	33	11	16	0	6	33
②提案・支援事業者	16	58	18	7	99	21	62	2	14	99
③販売促進等の提案事業者	9	13	2	0	24	8	7	0	9	24
④その他	2	3	3	1	9	3	5	0	1	9
無記入	3	2	1	6	12	6	2	3	1	12

事業者	規模別					顧客業種別				
	10台以下	30～11	31台以上	不明	総計	その他	製造業・流通業	不明	物流業	総計
①厳しい要請のない事業者	16	17	19	1	53	14	11	1	27	53
②提案・支援事業者	15	27	17	3	62	10	16	1	35	62
③販売促進等の提案事業者	6	11	3	0	20	8	2	1	9	20
④その他	0	1	2	0	3	1	0	0	2	3
無記入	0	0	0	2	2	0	0	2	0	2

するものであり,その過程がいつであるかによって回答は異なるものであろう。

しかし時間や運賃については,毎日の運行の条件ともいうべきものであることから,常に念頭に置かねばならないものであり,商品配送という運送事業者の専権業務に関しては任せてほしいという考えが根強くあると思われる。

特に時間については,改善基準の遵守を前提にすることから,手持ち時間などを極力縮小化することに砕身する必要がある。

それを理解している荷主企業では,規模別,業種別とも運賃や時間への細かな要求をしてこない運送事業者を望む回答は第1位順位とは大きく差を開け,第2順位に抑えられている。

これが今後のパートナーシップへの明るい兆しとなることを強く期待する。

4　課題や対策

これらを可能にするためのものが設問4で問う，課題や対策である。

> 4）そのための課題・対策（含む行政策）（複数選択可）
> ①運送事業者が中心となって，具体策を積極的に提起する
> ②具体的なテーマごとに需給両者による共同の検討組織を立ち上げ，取り組む
> ③特に中小企業においては，需給両サイドにおいて行政（経産局，運輸局等）が積極的に関わるべきである（需給両者には，物流子会社，下請事業者も含む）
> ④その他

1）全般の調査結果

　荷主，運送事業者ともの第1順位は，両者による検討組織の立ち上げである。これぞパートナーシップの際たるものであり，理想とする形態と思われ，これが実現の暁には，真の友好関係が結ばれるものとうかがわれる。そのためにも積極的な議論が望まれる。

　しかし，第2順位には微妙な差異が生じている。

　荷主側は，運送事業者が主体となって進める姿勢を崩していないことがうかがわれるのに対し，運送事業者側は，荷主サイドに提案すること以上に行政に助け船を求める傾向にあることがうかがい知れる。

　この違いを推測するに，荷主は自社製品の到着の有無についてのみ躍起となるが，その過程は運送事業者に任せるということとの現れである。

　一方運送事業者にとっては，その過程こそが重要であるにも関わらず効果的な対応策を提示しかねている。荷主企業というものの存在が，"触らぬ神に祟りなし"の例えではないが，"真の"意見交換や提言が成されず，他に拠り所を求めるような姿勢が気になる。このあたりが真のパートナーシップ形成がままならない遠因なのではなかろうか。

表 1-8　設問 4　課題・対策（荷主・事業者別）

そのための課題・対策（含む行政策）（複数選択可）	荷主 MA	率	事業者 MA	率
①先方が中心	56	32.2%	35	25.9%
②需給両者による共同検討組織	76	43.7%	61	45.2%
③需給両サイドに行政関与	42	24.1%	54	40.0%
④その他	7	4.0%	3	2.2%
無記入	18	10.3%	4	3.0%
回答数	174		135	

2）業種別・規模別調査結果

　規模別で見た場合でも同様の傾向となるが，特に運送事業者のうち顧客を物流業と回答したことについては，運送事業の荷主構造の多層化の証左とも読み取れる。

　荷主企業と運送事業者との関係は，一度決めたことを後生大事に維持することではなく，日々移り変わる事象に対するフレキシブルな対応が求められる。

　その事象を的確に把握する能力が，今後はますます求められ，またそれに適応した措置を講ずる姿勢も求められる。

　巷では，形としてのパートナーシップがやり取りされている中，中身のあるパートナーシップの存在はこの結果から見るかぎり少ないように思われる。しかし，その要因は少しばかりのすれ違いであるようにも感じられ，充実したコミュニケーションを続け，相手を慮ることを厭わなければこれら解決に近づくように思われる。

5　おわりに

　パートナーは，決してどちらかがイニシアティブを争うものではなく，いつまでも対等であるために相手を尊敬し，引き立てることから始まるのであろう。相手の良し悪しを的確に見定め，自社にできることで補いそれを繰り

表 1-9　設問 4　課題・対策（業種・規模別）

荷主	規模別					顧客業種別				
そのための課題・対策（含む行政策）（複数選択可）	20人以下	300〜21	301人以上	不明	総計	建設業他	製造業	不明	流通業	総計
①先方が中心	16	27	11	2	56	19	25	1	11	56
②需給両者による共同検討組織	12	51	9	4	76	18	41	1	16	76
③需給両サイドに行政関与	10	23	6	3	42	9	27	1	5	42
④その他	1	4	1	1	7	5	2	0	0	7
無記入	5	5	1	7	18	7	5	3	3	18

事業者	規模別					顧客業種別				
そのための課題・対策（含む行政策）（複数選択可）	10台以下	30〜11	31台以上	不明	総計	その他	製造業・流通業	不明	物流業	総計
①先方が中心	12	12	9	2	35	10	11	0	14	35
②需給両者による共同検討組織	10	27	22	2	61	17	14	2	28	61
③需給両サイドに行政関与	17	18	18	1	54	11	8	1	34	54
④その他	2	0	1	0	3	0	0	0	3	3
無記入	1	1	0	2	4	2	0	2	0	4

返すことが，確固たる地盤を築くことにもつながる。

　腫れ物に触るのではなく，敢えて火中の栗を拾うがごとく，"見えない壁"の向こうへ一歩踏み出す勇気をお互いが持つべきであろう。

　それが，"一人は皆のために，皆は一人のために"の精神につながると思われる。

　但し，単なる精神論にとどまらず，さらなる前進が必要であろう。パートナーシップがもたらす効用に注目したいものである。両者のコラボレーションにより実効が得られるところから，真のパートナーシップが生成される。このような事例を収集し，広く共有することが欠かせない。パートナーシップについては，その構築が目的であり手段であることを忘れてはならない。

注

1) 広辞苑，デジタル大辞泉より。
2) マテリアルハンドリングの略。物流業務を効率化するために用いられる作業機械を称して「マテハン機器」と呼んでおり，「台車」「パレット」「フォークリフト」「コンベヤ」などが代表的なもの。
3) トラック運送業における書面化に関するアンケート
 調査期間：平成26年11月〜平成27年1月
4) 国土交通省『平成27年度貨物自動車運送事業者数等について』
 平成28年11月30日
5) 岐阜運輸支局資料
6) 朝日大学編『地域物流市場の動向と展望』
7) 厚生労働省『人口動態統計』平成28年12月5日
8) 岐阜県警察本部　平成26年度調べ。
9) 国土交通省，日本物流団体連合会『数字で見る物流2016』
10) 自動車運転者を使用する事業場に対する平成27年の監督指導，送検の状況
 平成28年9月12日
11) トラック輸送における取引環境・労働時間改善協議会
12) 貨物自動車運送事業者が事業用自動車の運転者に対して行う指導及び監督の指針
13) 厚生労働省　平成27年の労働災害発生状況（平成28年5月17日）
14) 全日本トラック協会「日本のトラック輸送産業　現状と課題2016」

参考文献

・岐阜運輸支局トラック運送業における書面化に関するアンケート
 調査期間：平成26年11月〜平成27年1月
・厚生労働省『人口動態統計』平成28年12月5日
 http://www.mhlw.go.jp/toukei/saikin/hw/jinkou/kakutei15/index.html
・国土交通省，日本物流団体連合会『数字で見る物流2016』
・自動車運転者を使用する事業場に対する平成27年の監督指導，送検の状況
 （平成28年9月12日）
 http://www.mhlw.go.jp/stf/houdou/0000137013.html
・厚生労働省　平成27年の労働災害発生状況（平成28年5月17日）
 http://www.mhlw.go.jp/stf/houdou/0000124353.html
・全日本トラック協会「日本のトラック輸送産業　現状と課題2016」平成28年度版

第2章

輸送条件等に関する契約の書面化方向

第1節　運送取引における書面化とは

1　書面化の狙い

　"契約"には，個別事情に応じて書面契約に限らず口約束など多様な形態があり得るが，とりわけ企業等法人間における契約は，コンプライアンスやリスク管理等の観点から書面契約が一般的であると考えられる。

　しかしながら，中小規模事業者が大多数を占めるトラック運送事業においては，契約書等作成に要する事務負担の大きさや運送依頼者である荷主企業・元請け運送事業者との力関係等諸般の事情により，必ずしも書面契約が浸透・定着しているとは言い難い現状がある。

　トラック運送事業で最も優先すべきは"安全"である。これは当然のことではあるものの，トラック運送事業とて経済活動の一環であり，実際の運送行為においてどこまで安全を確保できるかについては，荷主企業あるいは元請け運送事業者との間で締結する契約内容と密接に関係することとなる。

　日頃から安全確保に努めているトラック運送事業者であったとしても，お客様である荷主企業等との間で締結された運送契約が口頭であり内容が曖昧であるとか，運送契約の内容に不適切な取り決め，例えば「延着は理由を問わずペナルティを課す」等の項目があったとすれば，自らの責で生じたわけでない突発的な工事渋滞による遅延に遭遇したような事例においても担当ド

ライバーはペナルティを回避すべく休憩時間を削って走り続けなければならないことになり，安全の確保にとっては障害になりかねない。

そこで近年，トラック運送事業を所管する国土交通省においては，有識者等が参画したトラック輸送適正取引推進パートナーシップ会議等における検討を経て，トラック運送事業の安全確保と運送契約には密接な関係があるとして，平成26年1月22日に『トラック運送業の書面化推進ガイドライン』[1]を公表する等，運送取引の書面化，すなわち適正取引の推進を図るべく様々な取り組みを進めている。

2 長時間労働対策・労働力不足対策

一方，昨今，産業界において少子高齢化等による労働力不足の懸念が広がっている。トラック運送事業を始めとした物流業においても同様の懸念が広がっているが，例えばトラックドライバーといえば，自動車運転免許の保有を必要としたり長時間・不規則・過酷な労働といったイメージを持たれたりすることもあり新規就業者に敬遠されがちな職業の一つになっていることから，物流業は他産業以上に労働力確保が困難になっている。

多頻度少量配送や即日配送等ますます高度化している物流ニーズに対し，トラック運送事業者を始めとした物流事業者が引き続き安全を確保した上で持続的・安定的に応えていくためには，曖昧な運送依頼や条件を明確にし，荷主企業等の都合による手待ち時間や契約外の無償附帯作業の縮減あるいは有償化等，担い手であるトラックドライバーの労働条件や労働環境の改善及び物流事業者の生産性や収益性の向上が欠かせない。

その鍵の一つになるのが，運送取引の書面化，適正取引の推進であることから，本章では運送取引における書面化の具体的内容，現状，今後の課題等について考察することとする。

第2節　運送取引における書面化の具体的内容

1　トラック運転者やトラック運送事業者を取り巻く環境

　トラック運転者やトラック運送事業者を取り巻く環境については，『総合物流施策大綱（2013-2017）』[2]に記述されている。

　我が国の物流施策の指針である『総合物流施策大綱（2013-2017）』[2]では，物流事業をめぐる状況について，「運賃・料金に反映されない手待ち時間，契約外の附帯作業など，物流事業者の負担の増加が指摘され，対策が急務」，「物流の現場レベルでの効率を低下させる事象の改善は，半世紀前から続く，古くて新しい課題」と言及している。要するに，我が国の物流は非常に高度で良質なサービス水準にあるものの，過度に物流事業者に負担が偏っている現状があるとの問題提起である。

　物流事業者の負担の偏りについては，各種統計資料等からも読み取ることができる。

　例えば，**表 2-1**は自動車運送事業等の就業構造に関する資料である。トラック運送事業の就業者は，全産業平均と比べ労働時間は長く年間所得額は低くなっている。

　また，**表 2-2**は脳・心臓疾患による労働災害補償支給決定件数の多い業種（上位15業種）である。**表 2-3**は精神障害による労働災害補償支給決定件数の多い業種（上位15業種）である。脳・心臓疾患においても精神疾患においてもトラック運送事業（**表 2-2**・**表 2-3**における道路貨物運送業）に関する労災保険給付の支給決定件数は，他業種を大きく引き離して1位となっている。

　もちろん一概には言えないものの，これらの資料からは，トラック運送事業の就業者を取り巻く厳しい労働環境や強いストレスの一端が垣間見える。

　物流分野においてもIT技術の進展により様々な情報がオンラインで即時に伝達されるようになった。昔も今もトラックドライバーを始めとした担い手が実際にそのモノを集荷・配送することによって，初めて成立するもので

表 2-1　自動車運送事業等の就業構造

	バス	タクシー	トラック	自動車整備	全産業平均
運転者・整備要員数	13万人 (2012年度)	34万人 (2012年度)	83万人 (2014年)	40万人 (2014年)	—
(女性比率)	1.4% (2013年度)	2.3% (2012年度)	2.4% (2014年)	1.2% (2014年)	42.9% (2014年)
平均年齢	48.5歳 (2014年)	58.6歳 (2014年)	46.5歳 (2014年)	43.8歳 (2014年)	42.1歳 (2014年)
労働時間	208時間 (2014年)	192時間 (2014年)	216時間 (2014年)	187時間 (2014年)	177時間 (2014年)
年間所得額	455万円 (2014年)	301万円 (2014年)	424万円 (2014年)	405万円 (2014年)	480万円 (2014年)

注1：自動車整備の女性比率は2級自動車整備士における比率
注2：労働時間＝「賃金構造基本統計調査」中「所定内実労働時間数＋超過実労働時間数」から国土交通省自動車局が推計した値
　　所定内実労働時間数＝事業所の就業規則などで定められた各年6月の所定労働日における始業時刻から終業時刻までの時間に実際に労働した時間数
　　超過実労働時間数＝所定内実労働時間以外に実際に労働した時間数及び所定休日において実際に労働した時間数
注3：年間所得額＝「賃金構造基本統計調査」中「きまって支給する現金給与額×12＋年間賞与その他特別給与額」から国土交通省自動車局が推計した値
　　きまって支給する現金給与額＝6月分として支給された現金給与額（所得税，社会保険料等を控除する前の額）で，基本給，職務手当，精皆勤手当，通勤手当，家族手当，超過勤務手当等を含む
　　年間賞与その他特別給与額＝調査年前年1月から12月までの1年間における賞与，期末手当等特別給与額
資料：総務省「労働力調査」，厚生労働省「賃金構造基本統計調査」，日本バス協会「日本のバス事業」，全国ハイヤー・タクシー連合会「ハイヤー・タクシー年鑑」，(一社) 日本自動車整備振興会連合会「自動車整備白書」から国土交通省自動車局作成
出典：国土交通省HP『平成26年度交通の動向』27頁（2015年）[3]

あることには変わりない。

　だが，これらの資料を見る限り，その存在意義の高さに反してトラックドライバーの置かれている状況は非常に厳しく，現在の高度で便利な物流サービスは，物流事業者，とりわけトラックドライバーを始めとした現場の担い手の懸命な努力，ともすれば多大な犠牲の上に成り立っているとも言える。

　確かに運送取引といえども商取引の一環であり，口約束でも書面契約でも当事者同士が合意の下の契約であればよいのではないか，という考え方も可

表 2-2 脳・心臓疾患による労働災害補償支給決定件数の多い業種（上位 15 業種）

平成 26 年度

	業種（大分類）	業種（中分類）	支給決定件数
1	運輸業，郵便業	道路貨物運送業	77 (1)
2	宿泊業，飲食サービス業	飲食店	18 (2)
3	建設業	総合工事業	16 (0)
4	運輸業，郵便業	道路旅客運送業	12 (0)
5	サービス業（他に分類されないもの）	その他の事業サービス業	10 (0)
6	建設業	設備工事業	8 (0)
7	製造業	金属製品製造業	6 (0)
8	情報通信業	情報サービス業	5 (0)
8	卸売業，小売業	その他の小売業	5 (1)
8	学術研究，専門・技術サービス業	技術サービス業（他に分類されないもの）	5 (0)
8	宿泊業，飲食サービス業	宿泊業	5 (0)
12	卸売業，小売業	各種商品小売業	4 (1)
12	卸売業，小売業	飲食料品卸売業	4 (0)
12	建設業	職別工事業（設備工事業を除く）	4 (0)
12	製造業	食料品製造業	4 (1)
12	製造業	生産用機械器具製造業	4 (0)
12	卸売業，小売業	建築材料・鉱物・金属材料等卸売業	4 (0)
12	卸売業，小売業	機械器具卸売業	4 (0)
12	卸売業，小売業	飲食料品小売業	4 (2)
12	卸売業，小売業	機械器具小売業	4 (0)
12	教育，学習支援業	学校教育	4 (1)

注 1 業種については，「日本標準産業分類」により分類している。
  2 （ ）内は女性の件数で，内数である。
出典：厚生労働省報道発表資料
　　『平成 26 年度「過労死等の労災補償状況」』(2015)[4]
　　別添資料 16 頁

能であろう。

しかしながら，考えてみて欲しい。トラック運送事業とはどんな事業なのか？　他産業とどんな違いがあるのか？

表 2-3　精神障害による労働災害補償支給決定件数の多い業種（上位 15 業種）

平成 26 年度

	業種（大分類）	業種（中分類）	支給決定件数
1	運輸業，郵便業	道路貨物運送業	41 (5)
2	医療，福祉	社会保険・社会福祉・介護事業	32 (22)
3	医療，福祉	医療業	27 (22)
4	宿泊業，飲食サービス業	飲食店	25 (6)
5	建設業	総合工事業	18 (2)
6	情報通信業	情報サービス業	16 (3)
7	卸売業，小売業	飲食料品小売業	14 (5)
8	卸売業，小売業	各種商品小売業	13 (5)
8	製造業	食料品製造業	13 (4)
10	サービス業（他に分類されないもの）	その他のサービス業	12 (2)
10	卸売業，小売業	その他の小売業	12 (3)
10	学術研究，専門・技術サービス業	技術サービス業（他に分類されないもの）	12 (0)
10	製造業	金属製品製造業	12 (2)
10	学術研究，専門・技術サービス業	専門サービス業（他に分類されないもの）	12 (3)
15	サービス業（他に分類されないもの）	その他の事業サービス業	11 (3)
15	建設業	職別工事業（設備工事業を除く）	11 (0)
15	製造業	電気機械器具製造業	11 (2)
15	製造業	輸送用機械器具製造業	11 (4)
15	卸売業，小売業	機械器具小売業	11 (1)
15	宿泊業，飲食サービス業	宿泊業	11 (6)

注 1　業種については，「日本標準産業分類」により分類している。
　 2　（　）内は女性の件数で，内数である。
出典：厚生労働省報道発表資料
　　　『平成 26 年度「過労死等の労災補償状況」』（2015 年）[4]
　　　別添資料 2 18 頁

　トラック運送事業は，乗用車の数倍の大きさ・重さを持つトラックを使用し，管理者や上司の目が届かない公道を舞台に，荷主に代わって様々な荷物を各地へ届ける事業である。トラックドライバーは，運行指示に従って常に

変化する交通事情の中で注意力や集中力を発揮して適時適切な状況判断や運転操作を行うことが求められると共に，荷主先では積み降ろし等附帯作業が待っている。車内は基本的にドライバー一人。常に誰かが見ていてくれて，困ったことがあればすぐに助けてくれるというわけにはいかない。安全・安心を使命としながらも，まさに"縁の下の力持ち"のような仕事である。

だが，"縁の下の力持ち"だからであろうか。トラック輸送における運送取引の現状を捉えた各種調査結果を見ると，運賃・料金に反映されない手待ち時間や契約外の附帯作業といったトラックドライバーの労働条件および物流の生産性や収益性の悪化につながりかねない。つまり，商慣行が依然として残っており，これが，トラック事業者やトラックドライバーの更なる負担の増加，過労等による労災事故・交通事故等の社会的損失等に拍車を掛けている。近い将来のトラック輸送の担い手不足を招く等，我が国産業全般の競争力や生活物資の輸送網の維持にも大きな影響を与える恐れが生じている。

安全・安心を確保しながら企業活動や生活に不可欠な物流を維持・発展させていくためには，その担い手である就業者の労働条件や労働環境等の改善を図る必要がある。その手立てとして，責任や負担，運送条件，作業範囲等の明確化，すなわち運送取引の書面化が求められているところである。

2　「荷主による運送状提出等」と「運送引受書の発出」

では，運送取引の書面化とは，具体的に何をどのようにすることを指すのだろうか？

国土交通省が平成26年1月22日に公表した『トラック運送業における書面化推進ガイドライン』[1]を基に紹介する。

当該ガイドラインでは，運送取引の書面化を**図2-1**のような流れとして示している。

ポイントは，「荷主による運送状提出等」と「運送引受書の発出」であり，運送の委託者（荷主企業や元請け運送事業者等）とトラック運送事業者（実運送事業者）の間において，曖昧な口頭契約あるいは口頭連絡からお互いに"書面を出

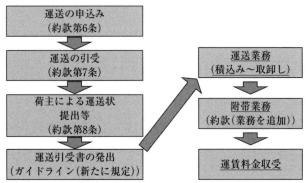

※「約款」とは，標準貨物自動車運送約款のこと。
図 2-1　運送取引の書面化
出典：国土交通省 HP
『トラック運送業における書面化推進ガイドライン』[1] 6 頁

すこと"への移行を求めている。

　荷主による運送状とトラック運送事業者による運送引受書を取り交わすことによって，お互いに輸送形態や集荷・配達時間等の輸送条件が明確化されることから，コンプライアンスの徹底，手待ち時間の発生や契約にない附帯作業の防止等現場での不要なトラブルの回避，すなわち運転者の過労に関する問題の改善に繋がることが期待される。

3　運送引受書の記載事項

　当該ガイドラインでは，運送引受書の必要記載事項として 8 項目を挙げている。

　①運送委託者/受託者名，連絡先等
　②委託日，受託日
　③運送日時（積込み開始日時・場所，取卸し終了日時・場所）
　④運送品の概要，車種・台数
　⑤運賃，燃料サーチャージ
　⑥附帯業務内容

⑦有料道路利用料，附帯業務料その他
⑧支払方法，支払期日

　ガイドラインでは，上記8項目についての記載要領も各々示されているため，運送取引の当事者になられる方には是非御一読いただくことを願いたい。
　なお，上記8項目は必要最小限の項目とされており，その他に業務上必要な項目（任意記載項目）があれば，合わせて記載しても何ら差し支えないことになっている。

4　運送取引の円滑性・迅速性の確保

　運送取引の書面化の趣旨や具体的内容は理解したとして，次に問題となるのは，ある意味では時間との勝負である物流において，毎回毎回完璧な書面化を行うとなれば，運送取引の円滑性・迅速性に支障を来すのではないかとの提起の存在である。
　当該ガイドラインでは，円滑性・迅速性の確保について，いくつかその方策も挙げている。

○書面は，FAXなどに加えて電子メール等の電磁的方法も可能。
　※　運送引受書をFAXや電子メールにより運送委託者に対して提出する場合は，実際には文書が交付されないことから，課税物件は存在しないこととなり，印紙税の課税原因は発生しない。
　　　運送引受書を紙で交付する場合は，印紙税の課税文書に該当。
○必要記載事項が，基本契約，覚書，作業指示書，発注書等の既存の書面に記載されている場合は，改めて書面化する必要無し。
　※　仮に記載されていない項目が残っている場合には，既存の書面に追加する等簡便な方法で対応可。
○特定の荷主企業等との間で継続して同一条件で運送を行う場合は，個々の運送毎の書面化は不要。
　※　例えば，車種・台数のみが日によって変わる場合には，その都

度，車種・台数のみをメール・FAX 等で交付すれば可。
○当初の書面に記載されていた項目の一部を変更する場合には，全ての項目を改めて書面化する必要無し。
　※　例えば，積込みの待ち時間が生じた場合，取卸し時間の変更のメールを送付するなど適宜対応可。
○運賃・料金の取扱いについて，反復継続しての契約関係にある委託者・受託者において，実額の表記に代えて算定方法を示す書面を添付する方法を取ることも可。
○運送委託者から下請法に基づく書面（いわゆる下請法3条書面）を交付されるトラック運送事業者については，当該書面を有効に活用することも可。

その他，ガイドラインでは，運送引受書の記入例やメールを活用した書面化の例も示すなど，運送取引の書面化を少しでも知って活用して欲しいという情報をまとめている。

第3節　運送取引における書面化の現状（全国・中部）

1　書面化の現状（全国）

以下では，実際の運送取引における書面化の現状を見ていくこととする。
なお，"運送取引の書面化"と一口に言っても，2つの意味があることに注意が必要である。一つは，「基本契約の書面化」。もう一つは，「日々の運送依頼の書面化」である。
一般的に運送取引は，損害賠償や機密保持といったある程度普遍的な基本項目を規定する基本契約と，運送日時や積込み先・取卸し先といった毎回変動する具体的な事項を明示する日々の運送依頼により行われている。
現在公表されている各種資料においては，「基本契約の書面化」と「日々の運送依頼の書面化」を一括りにして"書面化"と表記されていることが多い

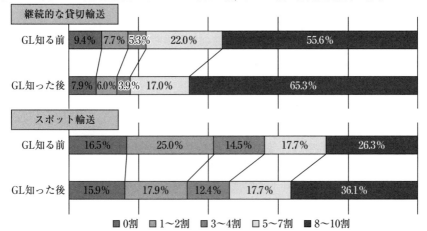

表 2-4 書面化推進ガイドラインを知る前，知った後の書面化実施率の推移

出典：公益社団法人全日本トラック協会 HP
トラック運送業における書面化に関するアンケート結果（概要）3 頁[5]

ため，読み取り方には注意を要する。

表 2-4 は，公益社団法人全日本トラック協会が平成 26 年 11 月から平成 27 年 1 月に行ったトラック運送事業における書面化に関するアンケート結果の内，書面化実施率の推移を示したものである。なお，表中の"GL"とは，国土交通省が平成 26 年 1 月に公表した『トラック運送業における書面化推進ガイドライン』[1]を指す。

継続的な貸切輸送（いわゆる長期契約輸送）においては，「GL 知った後」で書面化の実施率が 8〜10 割と回答したトラック運送事業者は約 65％。一方，スポット輸送（いわゆる単発の輸送）においては，「GL 知った後」で書面化の実施率が 8〜10 割と回答したトラック運送事業者は約 36％。

全体として書面化推進ガイドラインを知った後では書面化の実施率が上昇しているものの，とりわけ速やかな対応が求められるスポット輸送では依然として電話等口頭主体の契約が多い実態が垣間見えるほか，書面化実施率が 0 割や 1〜2 割と回答している事業者も決して少なくない。

2 書面化の現状（中部）

表2-5と表2-6は，国土交通省中部運輸局が平成26年7～8月に，中部運輸局管内（愛知・静岡・岐阜・三重・福井の5県）のトラック運送事業者を対象に行ったトラック運送事業における書面取引の実態調査結果の内，『トラック

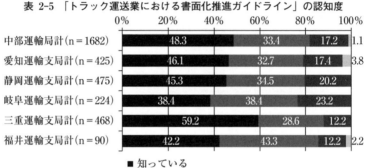

表2-5 「トラック運送業における書面化推進ガイドライン」の認知度

出典：国土交通省中部運輸局記者発表資料（平成26年11月28日）
　　　トラック運送業における書面取引の実態 3頁[6]

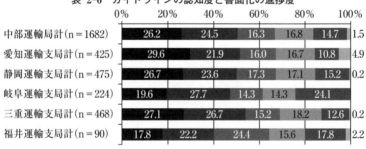

表2-6 ガイドラインの認知度と書面化の進捗度

出典：国土交通省中部運輸局記者発表資料（平成26年11月28日）
　　　トラック運送業における書面取引の実態 5頁[6]

運送業における書面化推進ガイドライン』[1]の認知度を示したものと書面化の進捗度を示したものである。

書面化の現状（全国）で見た**表2-4**の"書面化推進ガイドラインを知る前，知った後の書面化実施率"とは切り口が違うものの，当該ガイドラインの認知度が高い県内の事業者は書面化の実施割合が高いことから，全国的な傾向と同様に，当該ガイドラインを知った後，すなわち当該ガイドラインの認知が進んでいる事業者ほど書面化が進んでいる様子が窺えるが，中部運輸局管内の事業者においても"全く実施されていない"と回答した事業者は少なくない。

3 書面化が行われない理由

表2-7は，先の中部運輸局が行ったトラック運送事業における書面取引の実態調査結果の内，書面化が行われない理由を示したものである。

書面化が行われない理由としては，"「トラック運送業における書面化推進ガイドライン」を知らなかったため"と回答した事業者もあるが，1位は"配

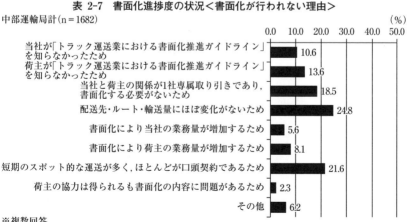

表 2-7　書面化進捗度の状況＜書面化が行われない理由＞

※複数回答
出典：国土交通省中部運輸局記者発表資料（平成26年11月28日）
　　　トラック運送業における書面取引の実態 7頁[6]

送先・ルート・輸送量にほぼ変化がないため"であり，2位は"短期のスポット的な運送が多く，ほとんどが口頭契約であるため"である。

やはり長期契約輸送にて日々の運送内容にほぼ変化がない輸送においては書面化が行われていない現状がある一方，逆に速やかな対応を求められるスポット輸送においてはその手間暇を掛ける余裕がないということなのか書面化が行われていない様子が見受けられる。

4　書面化が困難あるいは書面化実施割合が低い項目

また，公益社団法人全日本トラック協会並びに国土交通省中部運輸局の行った各調査結果資料からは，運送引受書の必要記載事項である8項目の内，書面化が困難あるいは書面化実施割合が低い項目も読み取ることができる。

表2-8は，書面化が困難な項目の順位に関する調査結果，**表2-9**は，項目ごとの書面化割合に関する調査結果である。両資料から，特に「運賃，燃料サーチャージ」，「有料道路利用料，附帯業務料その他」，「附帯業務内容」の3項目は，書面化が困難であり実際に書面化実施割合が低いことが読み取れる。

輸送の安全の確保，トラックドライバーの労働条件や労働環境の改善，物流事業者の生産性や収益性の向上といった書面化推進の背景・目的を鑑みれば，「運賃，燃料サーチャージ」，「有料道路利用料，附帯業務料その他」，「附

表 2-8　書面化推進ガイドラインに定められている必要記載事項について書面化が困難な項目

回答項目	
1位	運賃，燃料サーチャージ
2位	有料道路利用料，附帯業務料等，車両留置料その他
3位	附帯業務内容
4位	運送日時 （積込開始日時・場所，取卸し終了日時・場所）

出典：公益社団法人全日本トラック協会HP
　　　トラック運送業における書面化に関するアンケート結果
　　　（概要）3頁[5]

表 2-9 書面化の内容＜書面化されている内容＞

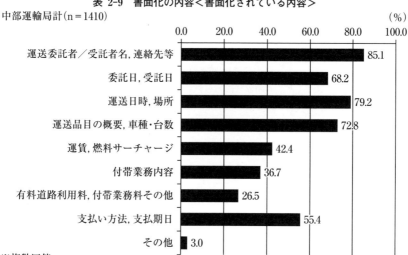

※複数回答
出典：国土交通省中部運輸局記者発表資料（平成26年11月28日）
トラック運送業における書面取引の実態 8頁[6]

帯業務内容」の3項目は最も書面化が図られるべき重要な項目といえ、今後の当該3項目の書面化実施割合上昇が期待される。

第4節　運送取引における書面化の現状（岐阜）

では，岐阜県内の荷主と物流事業者（トラック運送事業者）を対象に実施した意向調査の結果を見てみることとしたい。

1　運送条件等の取り決め方の現況

表 2-10によれば，荷主及び物流事業者の双方とも「①ほとんど，何の取り決めも行われていない」と「②かなりの分野で取り決めているが，主に口頭約束である」を選択した割合を合わせると約40％に達する。すなわち約4割の荷主及び物流事業者は，書面化がほぼ未実施であるということである。

表 2-10 輸送サービス条件の取り決め方の現況（複数選択可）

荷主		設問	事業者	
MA	率	輸送サービス条件（集配時間，積卸に関わる移動距離等）の取り決め方の現況（複数選択可）	MA	率
174		回答数	135	
33	19.0%	ほとんど，何の取り決めも行われていない	29	21.5%
40	23.0%	かなりの分野で取り決めているが，主に口約束である	31	23.0%
86	49.4%	ある程度書面化（メールやFAXも含む。以下同じ）されている	76	56.3%
13	7.5%	その他	1	0.7%
12	6.9%	無記入	2	1.5%

2　取り決め方改善の方向

　表2-11によれば，荷主は「②我が社に留まらず顧客（着荷主）も含めた輸送状況について，書面化を進めないと実効が上がらない」と「③自社だけでは実践が難しい。推進事例の収集等に業界上げて取り組むよう関連協会，行政の支援が欠かせない」を選択した割合が高い。物流事業者も同様の傾向だが，物流事業者の方が②③を選択した割合が各々10％以上高い。このことから，運送取引の書面化の推進には物流需給のプレイヤーである発荷主・着荷主・運送事業者の3者の連携がカギになること，そのためには関連協会や行政等の情報提供・支援等も必要とされていること，このような思いを物流事業者は荷主以上に持っていることが読み取れる。

3　書面化の課題・対策

　表2-12によれば，荷主は「②自社を中心にして書面化を整備し，顧客（着荷主）にも協力を求め続ける」と「④中小企業に対しては，行政サイドからの支援，指導を進める」を選択した割合が高い。物流事業者も同様の傾向だが，④を選択した割合を荷主と物流事業者で比べると，物流事業者の方が10％以上高い。このことから，物流事業者は，自らの事業規模も小さく弱い立場であるとの認識が強いこと，したがって行政等外部からの支援が必要であると

表 2-11 「取り決め方」改善の方向（複数選択可）

荷主		設問	事業者	
MA	率	「取り決め方」改善の方向（含む書面化の方向）（複数選択可）	MA	率
174		回答数	135	
35	20.1%	可能性ある分野から「書面化」を進めたい	29	21.5%
52	29.9%	発荷主に留まらず着荷主も含めた輸送状況について，書面化を進めないと実効が上がらない	57	42.2%
51	29.3%	自社だけでは実践が難しい。推進事例の収集等に業界上げて取り組むよう関連協会，行政の支援が欠かせない	61	45.2%
15	8.6%	関連事例を収集・分析して活用し，あるいは自社内での事例を育て，公にする	12	8.9%
19	10.9%	その他	6	4.4%
24	13.8%	無記入	6	4.4%

表 2-12 書面化の課題・対策（複数選択可）

荷主		設問	事業者	
MA	率	書面化の課題・対策（含む行政策）（複数選択可）	MA	率
174		回答数	135	
25	14.4%	特に書面化の必要はない	11	8.1%
53	30.5%	自社を中心にして書面化を整備し，着荷主にも協力を求め続ける	50	37.0%
28	16.1%	発・着荷主，運送事業者からなる検討会を立ち上げ，検討を進める	33	24.4%
47	27.0%	中小企業に対しては，行政サイドからの支援，指導を進める	55	40.7%
15	8.6%	その他	4	3.0%
22	12.6%	無記入	7	5.2%

考えていることが読み取れる。

第5節　運送取引における書面化と適正取引の推進

　以上，運送取引における書面化の必要性や現状を見てきた。
　社会にとって不可欠な物流については，『総合物流施策大綱（2013-2017）』[2]において「物流の効率化は，物流に直接携わる関係者にとってはもちろんのこと，企業，一般国民，ひいては我が国全体にとって重要な課題」と記述されている。
　平成27年度，政府においてはトラック運送事業も含むサービス業5分野について『サービス業の生産性向上協議会』を，厚生労働省と国土交通省においては『トラック輸送における取引環境・労働時間改善協議会』を立ち上げる等具体的な検討を開始している。また，産業界においても一般社団法人日本経済団体連合会が提言として『企業の競争力強化と豊かな生活を支える物流のあり方』[7]を公表している。
　このように政府や産業界において物流に対する関心が高まりつつある今日，運送取引の書面化を始めとした適正取引の浸透・定着を図り物流業における担い手の確保や生産性・収益性の向上を目指している。これにより，広く企業や国民が享受する社会インフラとしての物流の再構築・強化に繋がるものであると同時に，運転者の労働条件や労働環境等の改善によるトラック運転者が関わる交通事故の削減・防止にも繋がる。雇用・経済・インフラ・安全といった様々な角度から我が国の企業活動や暮らしに大きな効果をもたらすものであると期待される。
　これら行政主導に併せて，マーケットメカニズムを利しての産業界，特に物流業界での実効ある取り組みが欠かせない。例えば，好ましい実施例を収集し，これを関係者間での共有化を進めることも一策であろう。そのための発荷主，着荷主そして実物流業者を交えた組織化も必須となる。これらを支援する諸協会，地方行政の役割も看過できない。

注

1) 『トラック運送業における書面化推進ガイドライン』
 国土交通省 HP　http://www.mlit.go.jp/common/001025206.pdf
2) 『総合物流施策大綱（2013-2017）』
 国土交通省 HP　http://www.mlit.go.jp/common/001001929.pdf
3) 『平成26年度交通の動向』
 国土交通省 HP　http://www.mlit.go.jp/common/001092158.pdf
4) 平成27年6月25日付け報道発表資料
 『平成26年度「過労死等の労災補償状況」を公表』
 厚生労働省 HP　http://www.mhlw.go.jp/stf/houdou/0000089447.html
5) 『トラック運送業における書面化に関するアンケート結果（概要）』
 公益社団法人全日本トラック協会 HP
 http://www.jta.or.jp/kikaku/chosa/img/jittai_chosa_kekka201502.pdf
6) 平成26年11月28日付け記者発表資料
 『トラック運送業における書面取引の実態』
 国土交通省中部運輸局 HP
 http://wwwtb.mlit.go.jp/chubu/kisya014/jikou20141128.pdf
7) 政策提言/調査報告
 『企業の競争力強化と豊かな生活を支える物流のあり方』
 一般社団法人日本経済団体連合会 HP
 http://www.keidanren.or.jp/policy/2015/093.html

第3章 運送事業者の下請け構造と物流子会社の課題

　現代社会は組織の時代といわれるが，私たち個人の活動が組織化されるのみならず，個々の組織の活動自体もさらに組織化され，社会における大規模かつ複雑な産業活動が組織の集合体によって担われている。そうした組織間の諸関係は，企業組織において発達著しく，各種の提携，合弁あるいは系列といった形態がさまざまな企業間の事業展開において見られ，下請け構造や親子関連会社構造を作り出している。物流業界においても，主要な物流事業者や荷主企業を中心として，持株会社の下に子会社や関連会社を編成し，企業グループが形成されている。さらに，グループ内外の企業を含めて，下請け構造（下請け・孫請けの多重構造）の中で物流業務のかなりの部分が担われている。

　本節では，企業組織間の関係を戦略的にマネジメントするために，組織間関係論の諸理論を考察する。さらに，それらの知見を物流業界特有の下請け構造や物流子会社に関わる諸関係の現状分析に適用し，これからの地域物流の発展に関する政策について検討する。

第1節　企業組織の関係分析：理論的枠組の提示

　荷主企業と物流事業者の関係，そして荷主企業の物流子会社や物流事業者の下請け構造を含めて，物流に関わる企業組織間の関係を分析するために，組織および組織間関係に関する諸理論について考察する。

1　組織と環境適応

　組織はオープン・システムであり，環境との資源の交換（取引）を通じて，組織活動を維持し，その目的の実現を図る。したがって，環境への適応は，組織の盛衰を左右することになる。システムとは，複数の要素が相互に関係し,全体として共通の目的を達成しようとしている集合体であり,それがオープンであるということは，システムが環境と資源の交換をつづけ，構成要素の絶えざる新陳代謝を行いながら安定状態を維持していかなければならないことを示す[1]。組織はオープン・システムとして，環境からのインプットと環境へのアウトプットという交換関係を均衡させることによって維持される。その適応すべき環境は，現在の環境だけでなく，将来の環境変化をも含む。現在の環境に適応し過ぎれば，将来の環境変化に対する柔軟性あるいは適応可能性を失ってしまうからである。

　環境とは，システムの外部にあってその属性の変化がシステムに影響を与え，その属性がシステムによって影響を受けるような事物のすべての集合である[2]。環境はそれ自体，客観的な存在であるが，個々の組織にとっての環境は，組織の中の意思決定者が目標設定，戦略策定および資源配分といった意思決定に際して考慮しなければならない環境要素から構成される。組織は，インプットの供給，アウトプットの吸収，規制や支援といった点において他者，すなわち当該組織の環境を構成している他の組織に依存している。そのため，組織の意思決定過程には，環境要素の期待，態度，目標，選好あるいは主張が必然的に組み込まれることになる。

　このように組織はオープン・システムであり，環境との関係において，予測できない他者の行動から影響を受けることになる。その意味では,環境は,組織にとって不確実性の源泉である。不確実性は，組織がその活動のために必要とする情報量と現在所有している情報量との差として定義される[3]。組織が直面する不確実性は，環境の複雑性と変動性を反映する。複雑性は，意思決定において考慮される環境要素の多寡とその異質性によって表され，また，変動性は，意思決定において考慮される環境要素の時間的変化の程度に

よって表される。組織における意思決定において，考慮すべき環境要素が多く，また，それぞれが異質であり，さらに，それらの環境要素の変化が予測できない場合には，不確実性が最も大きくなる。反対に，考慮すべき環境要素が少なく，それらが同質的であり，また，ほとんど変化しないか，あるいは単調にしか変化しない場合には，環境の不確実性が最も小さくなる。

組織が依存する環境は，組織のドメイン（活動領域）によって異なったものとなる。ドメインは，組織が追求する特定の目的と目標を実現するための諸機能であり[4]，組織は，ドメインの選択を通じて，当該組織が依存する他組織の範囲を画定することになる。それは，インプットの供給者，資源をめぐって競合する競争者，アウトプットの需要者あるいは支援や制約に関わる規制者からなる当該組織の環境要素としての他組織である。組織は，そうした他組織との依存関係，すなわち組織間関係において環境適応を図らなければならない。

運送事業者を取り巻く環境は，近年とみに厳しいものになっている。規制緩和による新規参入事業者の増加に起因して業者間の競争が激化し，運賃の値下げ圧力も強くなっており，また，発・着荷主に業務を依存することから，荷主との関係において相対的にバーゲニングパワーが弱く，さらに，情報化，国際化あるいは少子高齢化等の社会変化への対応に迫られるなど，さまざまな課題を抱えている。今後の人口減少社会を前提に考えるならば，地域物流市場の縮小やトラックドライバーなどの人材不足といった問題にも直面することになるであろう。こうした環境下において，運送事業者は，自らの事業価値を高めると同時に，競合他社，発・着荷主あるいは行政を含めて物流業界内外の組織間の協力関係を構築することによって，複雑な課題や問題に取り組んでいくことが求められる。

2　組織間関係の分析視点

組織間関係とは，資源と情報の交換関係（取引）によって形成される組織と組織との何らかの形のつながりである[5]。このような組織間関係は，組織間

の非対称関係であるパワー関係を生み出す。また，組織間関係には，業務提携，合弁，業界団体のような組織間の共同行動や共同組織の形成も含まれる。それは，組織間の調整メカニズムの構築を意味する。組織間調整メカニズムは，相対的に恒常的な結びつきである組織間構造に発展する。さらに，組織間関係において，価値共有といった見えざる関係としての組織間文化が醸成され，そうしたインフォーマルな関係性が，組織間のフォーマルな活動を制約すると同時に促進することにもなる。このように，組織間関係には，組織間の資源・情報交換，パワー関係，調整メカニズム，構造および文化の諸側面が含まれることになる。また，組織間関係は，静態的・安定的側面だけでなく，動態的・変動的側面からも分析される。

　組織間関係のあり方は，概念上，市場メカニズム（価格機構）によって調整される自律的な組織間関係，組織機構上の公式権限によって調整される階層的な組織間関係，それらの中間的な形態として自律性と相互依存性の均衡の上で成立する組織間関係に分けることができる。自律的な組織間関係は，見えざる手（invisible hand）によって調整される市場における関係であり，階層的な組織間関係は，見える手（visible hand）といわれる所有の同一性にもとづく企業間の支配・服従の関係である。さらに，市場でも階層でもない組織間の自律的かつ依存的な関係が併存する中間的な形態が存在する。

　では，なぜ組織間関係が形づくられるのか。組織間関係の形成理由を合理的モデルの観点から説明する場合には，組織は，その目的を達成するために組織間関係を構築することになる。他方，組織間関係を自然体系モデルの観点から解釈する場合には，組織は，自らの存続・発展を図るために組織間関係を形成する存在としてとらえられる。

　このような組織間関係は，資源依存パースペクティブ，取引コスト・パースペクティブ，協同戦略パースペクティブ，組織セット・パースペクティブあるいは制度化パースペクティブといったさまざまな観点から説明がなされている。さまざまなパースペクティブの存在は，組織間関係の多面性を反映する。したがって，組織間関係の全体像を把握するためには，それぞれのパー

スペクティブを組み合わせ,それらを統合するフレームワークが必要になる。以下,組織間関係に関する資源依存パースペクティブ,取引コスト・パースペクティブ,協同戦略パースペクティブ,組織セット・パースペクティブおよび制度化パースペクティブを概観し[6],それに基づいて組織間関係を分析するための統合的フレームワークについて考察する。

1) 資源依存パースペクティブ

組織は,オープン・システムであり,自らの存続・発展のために,環境との資源の交換関係を維持・発展あるいは変更しなければならない。環境は他組織であり,資源はモノ・カネ・ヒト・情報の他に,諸制約や正当性を含む概念である。組織は,組織間関係において,自律性を保持するために,他組織への依存を回避すると同時に,他組織からの依存を増大させ,他組織へのパワーないし影響力を行使しようとする。資源依存パースペクティブでは,組織間の資源の交換関係と,それに伴う組織間の依存性が組織間関係を分析するための鍵となる。

組織間において交換される資源の重要性と集中度は,組織の他組織への依存の程度を決定する。すなわち,他組織が保有している資源が当該組織の生存にとって重要であり,また,資源の保有が集中し,特定の他組織以外から調達することが困難な場合には,当該組織の他組織への依存の程度は大きくなる。こうした資源を媒介とする依存性は,組織間関係におけるパワーの不均衡を導く。

組織は,他組織への依存関係をマネジメントすることによって,自律性を確保し,組織間のパワーの均衡化を図ろうとする。そうした組織間関係のマネジメントには,合併・買収や垂直統合あるいは内製化といった手段を講じることによって,他組織への依存を直接的に吸収・回避することが含まれる。その一方で,組織は,他組織との依存関係の存在を前提として,契約,人材導入あるいは合弁などの方策によって,他組織との安定的な関係を形成しようとする。さらに,組織は,組織間関係のマネジメントにおいて,政府等の上位レベルの第三者機関への働きかけを通じて,当該機関による介入を促し,

間接的に組織間の依存関係に変化を生み出す。

このように資源依存パースペクティブでは，資源をめぐる組織間の依存関係が，パワーの問題を招来し，組織は他組織への依存性を適切に処理し，自律性を保持するために，組織間関係をマネジメントすることになる。

2）組織セット・パースペクティブ

組織セット・パースペクティブでは，焦点組織（focal organization），インプット組織セットおよびアウトプット組織セットから成る組織間システムが分析対象となる。組織は，環境との間でインプット・アウトプットの交換を行うオープン・システムであり，社会における特定の位置関係の中で，組織セットの構成要素として，他の組織と相互に作用し，連結している。

組織セットは，分析対象となる組織あるいは組織の集合体としての焦点組織を中心として，資源のインプット側に位置する他組織と，アウトプット側に位置する他組織から構成される。組織セットの変数には，①組織セットの規模（焦点組織が相互作用するインプット組織セット，アウトプット組織セットの数），②組織の多様性，③ネットワーク構造（ダイアド，車輪型，オール・チャネル・ネットワーク，鎖型），④インプット組織資源の集中度，⑤メンバーシップの重要性，⑥目標・価値の重複性，⑦比較関連組織あるいは規範関連組織，⑧対境担当者（他組織との連結機能を担当）が含まれる。

組織セットの特性は，焦点組織の自律性と依存性，パワー関係あるいは組織間システムの構造を規定することになる。組織セット・パースペクティブでは，組織セットにおける組織群の相互作用の形態を分析することによって，組織間関係の現在の状況と将来の変化を明らかにすることができる。

3）協同戦略パースペクティブ

協同戦略パースペクティブは，組織の集合体あるいはグループを基本的分析単位とし，個別組織の観点から他組織との関係を検証するのではなく，組織間の協同関係としての組織協同体そのものを主たる分析対象とする。組織は，自らの存続・成長を図るために他の組織と協調しなければならない。協同戦略パースペクティブでは，資源をめぐる組織間の競争や対立ではなく，

他組織との協力・共生に焦点があてられる。

　組織の協同戦略は，組織間の環境適応行動であり，組織同士が結合し，協同目標を実現するために実行される。組織は，協同戦略の展開において，組織間のパワーや支配よりも，相互依存関係を前提とした交渉や妥協による協力・共生を進め，組織間の利害関係を政治的・社会的に調整する。

　協同戦略は，結合する組織の種類（同種―異種）と結合のタイプ（直接―間接）によって，①同種組織間で間接に結びついている同盟型，②同種組織間で直接に結びついている集積型，③異種組織間で直接に結びついている接合型，④異種組織間で間接に結びついている有機型に分類することができる。同盟型の戦略は，カルテルの締結や業界団体の形成として具体化され，多数の組織にパワーが分散している状況において，同種の組織間の間接的相互依存性を処理するための協同戦略である。集積型の協調戦略は，プライス・リーダーシップなどのインフォーマルな調整形態として，少数の企業にパワーが集中する寡占化された産業において見られる。接合型の協同戦略は，サプライチェーンにおける異種組織間の取引関係を処理するために，契約締結，合弁あるいは役員導入などの方策によって当事者間に直接的な組織間連結を創出する。有機型の協同戦略は，組織が互いの資源や能力を組み合わせることで新たな価値を創出するために形成されるネットワーク組織に見られるような多数の異種組織間の間接的な結合として表れる。

　組織は，自律的に資源をコントロールするための能力を高め，他組織に対するパワーを保持しようとする。しかし，その一方で，組織は組織間の相互依存性を受け入れ，さらに，協同戦略を通じて組織間の相互依存性を積極的に利用する。

4）制度化パースペクティブ

　制度化パースペクティブでは，組織は制度化された環境の圧力下に存在する。ルール・規範，慣習・伝統あるいは価値観となって表れる環境の制度的圧力は，組織活動に影響を与え，組織を制約することになる。したがって，組織は環境の制度的圧力を受け入れ，それに同調することによって，環境か

らの支持を獲得し，存続の正当性を確保しようとする。こうした組織の環境への同調は，組織間の同型性をもたらす。

　組織は，環境からその存在の正当性を獲得するために，組織間関係をマネジメントする。制度化パースペクティブにおける組織間関係のマネジメントは，他組織との同質化を意図することであり，その結果，組織の同型性が促される。同型性は，国家等の規制機関や業界団体等の関係機関あるいは同業他社の行動に歩調を合わせることによってもたらされる。こうした同型性を促進するメカニズムには，①強制的同型化，②規範的同型化，③模倣的同型化が挙げられる。

　強制的同型化は，組織が属する社会の上位機関である政治機関や親会社等が設定するルールあるいは影響力や強制力に従うことによってもたらされる。また，規範的同型化は，組織横断的に形成される業界団体や専門家集団としての学会等によって形成される規範に準拠して行動することによってもたらされる。さらに，模倣的同型化は，組織が直面する環境の不確実性を削減するために，成功している他組織を模倣することによってもたらされる。組織の同型化は，組織間関係の構造化が進むにつれて，より一層促進される。

　このように制度化パースペクティブでは，法律，政治あるいは文化といった環境の制度的側面に焦点があてられる。組織は，組織間関係のマネジメントにおいて，他組織を含む環境に対する同調行動をとることによって，環境から正当性を獲得する。その結果，組織の同型化がもたらされ，さらに，同型化によって正当性を確保することは，社会における組織の存在価値を高め，その存続を保証することになる。

5）取引コスト・パースペクティブ

　取引コスト・パースペクティブの分析単位は，「取引（transaction）」である。組織間の取引態様あるいは調整形態には，「市場取引」と「内部組織」および「中間組織」がある。市場における取引関係は，基本的に価格メカニズムによって調整されるのに対し，内部組織を通じた取引の調整は権限システム（権限階層）によってなされる。取引コスト・パースペクティブでは，市場と組織

の選択は取引コストに関わり，環境の「複雑性」および「少数性」と，取引主体の「限られた合理性」および「機会主義」といった要因が取引コストを介して取引態様の決定に影響を及ぼすことになる。たとえば，複雑な環境において，合理性に制約のある取引主体は，内部組織による取引の調整を選好する。また，取引主体が少数の場合には，互いの機会主義的行動を回避するために，市場取引ではなく組織を選択することによって，取引コストを削減することができる。

さらに，取引コスト・パースペクティブでは，市場取引と内部組織の中間的な形態，すなわち中間組織の存在に焦点をあてる。中間的な組織間連結関係には，長期の契約関係，合弁会社の設立，系列などの企業グループの形成あるいはネットワーク組織の創出が含まれ，その連結の強弱の差異によって，より市場に近い形態から内部組織に近い特徴をもつものまで多様な形態が見られる。こうした中間組織に加え市場取引あるいは内部組織といった3つの代替的な取引態様あるいは調整形態の選択は，取引の不確実性の程度，取引の頻度あるいは取引特定的投資の程度といった取引そのものの特性と関連付けて論じられている。すなわち，取引の不確実性が高く将来を予測できない場合，取引が短期的なものではなく長期的に行われる場合，さらに特定の取引相手に関わる特殊な投資が必要な場合には，市場取引よりも中間組織あるいは内部組織が選択されることになる。

このように取引コスト・パースペクティブの視点に立てば，組織間関係のマネジメントは取引コストの観点から論じることができる。組織は，取引の効率性を高めるために，市場取引，中間組織あるいは内部組織といった代替的な諸形態を選択することになる。

3　組織間関係の統合的フレームワーク

組織は，その目的を達成し，さらに存続・発展を図るために，組織間関係をマネジメントしなければならない。組織間関係のマネジメントは，組織間調整戦略による環境適応行動として行われる。それは，他組織との関係性を

創出，維持あるいは変更することによって，自律性と依存性の均衡を実現することである。組織は，その自律性を高めるために，組織間の依存性を管理・操作し，他組織に対するパワーを獲得しようとする。パワーは，他組織の意思決定に対する強制力を内包するものであり，パワー関係において優位に立つことは他組織の行動に影響を及ぼし得ることを意味する。反対に，他組織への依存関係が大きくなれば，組織の自主的な行動の選択肢を狭めることになり，当該組織の生存が他者の行動によって左右されることになる。

　組織間関係を説明するためのパースペクティブには，既述のとおり，資源依存パースペクティブ，組織セット・パースペクティブ，協同戦略パースペクティブ，制度化パースペクティブあるいは取引コスト・パースペクティブがある。これらの各パースペクティブは，組織間関係の多様な側面を一定の観点から論じており，資源，依存，パワー，組織セット，協調，制度化あるいは取引コストといった組織間関係を分析するための有用な鍵概念を提示している。それらの概念は，組織間関係の統合的フレームワークを構成する要素となる。したがって，各パースペクティブを統合するフレームワークを構築することは，組織間関係の全体像を把握し，組織間関係のマネジメントを検討するための理論的根拠を提供することになる。

　オープン・システムである組織は，必然的に他組織との資源の取引に関する諸条件や諸制約に対処しなければならない。資源の取引関係は，組織間の依存性やパワーの問題を生み出す。同時に，組織が資源の取引を通じて相互作用する他組織との関係性は，組織セットや組織間関係システムとして定型化・構造化される。

　組織は，資源をめぐる組織間の取引関係を競争的あるいは自律的に統御しようとする一方で，他組織と共生的あるいは協調的な関係を構築することによって環境に適応する。また，組織は，制度化された環境に組み込まれた存在であり，環境の制度的圧力に対して同調あるいは同型化することによって，組織の存続の正当性を獲得しようとする。さらに，組織は，組織間の不確実性の処理と取引の効率性の観点から，市場と階層あるいは中間組織といった

代替的な取引形態を選択することになる。

　こうした組織間の関係性は,「資源（能力）」,「取引（交換）」および「構造（連結）」の3つの側面を抽出することによって統合的に捉えることができる。すなわち,資源,取引および構造は,組織間関係の基本的要素である。オープン・システムとしての組織は,資源をめぐる取引において,他組織との関係,すなわち組織間関係をマネジメントしなければならない。組織間関係における環境は,当該組織にとっての他組織であり,特に資源の獲得という点ではインプット側の取引関係が重要になる。さらに,既存の組織間関係が継続することによって,そうした関係が固定化し,組織間によりタイトな構造が形作られることになる。

　資源は,モノ・カネ・ヒト・情報やそれらを活用する能力,組織の信用や正当性を含む広範な概念である。資源の価値は,希少性,模倣困難性,代替困難性,競争優位性および持続性によって規定される[7]。すなわち,資源の需要に対して供給が少なく,そうした資源の模倣や代替が困難であり,競争優位を持続的に導く場合には,資源の価値は高くなる。

　取引に関する特性には,取引される資源の種類,資源の取引量,資源の取引頻度,資源取引の中断が業績に影響を及ぼすまでの余裕時間,資源取引の方向（内・外・双方向）が含まれる[8]。これらの特性は,「取引の方向」を除いて,相互の依存性の認識に関わる。たとえば,取引頻度の増大は,依存性の認識を強くすることになる。

　構造は,市場,階層および中間組織の諸形態の選択に関わる。取引主体の限定された合理性および機会主義的行動と,環境の複雑性,少数性および情報の偏在性といった諸要因は,市場,階層あるいは中間組織といった組織間関係の構造のあり方に影響する。たとえば,合理性の限界から認知能力に制約のある取引主体が,複雑で予測できない環境状況に直面する場合には,効率性の観点から市場取引よりも階層あるいは中間組織を通じた取引形態が選択され,組織間の関係構造はよりタイトなものとなる。

　組織間関係における資源,取引および構造のあり方は,組織間の「依存性」,

「パワー」および「不確実性」の諸相を規定する。そして，依存性，パワーおよび不確実性のそれぞれは，相互に連関している。依存性は，ある組織の行為が他の組織の行為あるいは結果によって規定され，条件づけられる時に存在する[9]。パワーとは，組織がその意思に基づいて他の組織に，ある行為をすること，あるいは行為をしないことを強制する力であり，また，欲しくないことを他の組織から課せられない能力をいう[10]。不確実性は，必要とされる情報量と現在所有している情報量の差である[11]。組織は，組織間の依存性を管理することによって，他組織に対するパワーの優位あるいは均衡を保ち，他組織の行動を統御して，その予測可能性を高め，組織間関係における不確実性を削減する。その結果として，組織は，存続要件としての「正当性」と「効率性」を満たすこともできる。

このように組織は，組織間関係の基本的要素である資源，取引および構造のあり方をデザインすることによって，組織間関係をマネジメントすることができる。それは，組織間関係の視点から見た組織の環境適応政策であり，多様な組織間調整戦略を適用することによって実現される。

4 組織間調整戦略

組織は，その環境適応行動において，他組織との関係をマネジメントしなければならない。そうした組織間関係のマネジメントは，組織間調整戦略を通じて展開される。それは，組織の環境適応における重要な鍵となる。組織間調整戦略には，緩衝戦略，自律戦略，協調戦略および政治戦略がある[12]。

1）緩衝戦略

緩衝戦略は，環境に直接働きかけるものではなく，環境変動の影響を組織内の緩衝メカニズムによって和らげようとするものである。緩衝戦略には，標準化，スラックの使用，取引の平準化，予測，割り当て制限がある。標準化は，環境変動の影響を予め取り除くために，取引される資源の規格化・画一化を進めることであり，たとえば，組織は材料や部品を標準化することによって，インプットの多様性を除去し，操業の安定を図ることができる。ス

ラックの使用は，在庫の保有，期間の延長，業績水準の引き下げを行なうことであり，これにより環境変化の影響を緩和し，組織活動を安定的に継続することができる。また，取引の平準化は，需要の少ない時期に何らかのプレミアムを与えて需要を喚起し，また需要のピーク時にはペネルティを課すことによって，インプットあるいはアウトプット側の変動を減少させようとする試みである。予測は，スラックの使用や平準化によって環境の変動を処理できないとき，供給や需要の変化を予測し，スケジュール化することによって対処しようとするものである。さらに，割り当て制限は，スラック，平準化，予測によっては環境変動を吸収できないとき，能力の分配に優先順位をつけることによって，そうした変動に対処する方法である。

2）自律戦略

自律戦略は，組織が保有する資源と能力を活用することによって，他組織への依存性を吸収あるいは回避する方策である。その結果，当該組織は環境に対するパワーを拡大するとともに，取引の不確実性を削減して環境の脅威を和らげることができる。組織は，成長や競争を通じて，自律戦略を展開する。成長は，内部成長だけでなく合併・買収による外部成長を含め，組織がその能力を拡大することが可能な場合に利用される。組織は成長することによって，環境からの影響を回避し，さらに環境を操作するためのパワーを獲得することができる。成長戦略には，量的拡大，地理的拡散，水平統合，垂直統合あるいは多角化が含まれ，そうした戦略を推進することによって，組織は資源や能力に関わる他組織への依存性を吸収あるいは回避する。しかし，成長は，規模の拡大による内部の調整問題を惹起させ，組織の硬直化の一因となる。

また，組織は，他組織との競争を通じて，環境からの支持を獲得し，取引に関わる不確実性を削減しようとする。競争は，組織の淘汰を促し，そして，環境に適応した組織を選択する。組織は，資源利用における内部の効率性を改善し，魅力的なアウトプットを開発し，さらに特別な能力を創造することによって，自らの資源や能力の価値を高め，他組織からの支持を得ようとす

る。その結果，他組織への依存性を回避し，パワーを獲得し，環境の不確実性を削減することができる。

　3）協調戦略

　協調戦略は，組織が暗黙的に，あるいは明示的に環境要素としての他組織と協力する方法であり，共通の問題を解決するために，2つ以上の組織が調整された行動をとることである。組織間の相互の依存性は協調の基礎であり，組織は依存性を積極的に利用することによって，他組織からの支持を得て環境適応を図る。すなわち，協調戦略を展開することによって，組織は他組織の資源や能力に接近し，環境に対するパワーを獲得し，そして業績を安定させることができる。組織は，協調戦略を通じて，自律性を保持しながら依存性を部分的に吸収する。しかし，協調戦略では依存性を完全に吸収することはできないため，組織の行動は他組織から何らかの制約を受けることになる。

　協調戦略には，規範形成，契約締結，役員導入，そして合同が含まれる。依存関係が，少数の組織間の関係に限定され，パワーの集中が見られ，そして技術変化や成長率がそれほど大きくない場合には，組織間の相互作用を通じて協調を促すのに十分な情報が創造される。このような組織の行動がパターン化され，予測可能な状況において，たとえばプライス・リーダーシップにおいて見られるような組織間に暗黙の協調行動を導く規範が形成される。こうした組織間の協調行動の結果，組織は，調整のための明示的なコミュニケーションを要せずに競争から生ずる不確実性を削減することができる。

　次に，組織間においてパワーが均衡し，それぞれが有する資源への接近を求めて相互に協力することが両者の利益に結びつく場合，契約を締結することによって，組織間の将来における不確実性が削減される。契約は，相互依存する組織間の交渉と双方向のコミュニケーションを含む明示的な協調形態であり，技術提携，業務提携あるいは資本提携といった各種のアライアンスを導く。契約は，当該組織の自律性を喪失させ，マネジメントにかなりの時間とエネルギーを要するため，自律戦略や暗黙の規範形成では，依存性を吸

収し，不確実性を削減できない場合に利用される。

　さらに，支持能力が少数の組織に集中しているが，それに対する需要が拡散している場合には，役員導入が利用される。役員導入は，環境からの支持を獲得し，資源調達の安定化を図り，そして存続の脅威を回避する手段として，組織のリーダーシップ構造あるいは政策決定機構（取締役会や理事会など）の中に他組織の代表を加えること，すなわち依存性を部分的に吸収する戦略である。たとえば，組織が資金調達において特定の金融機関に依存する場合，当該組織の役員として，金融機関から人材を迎えることが金融資源に接近する方策となる。このように組織が特定の資源をめぐり環境に依存する場合，依存性の程度と利害関係集団の状況は，そのリーダーシップ構造に影響することになる。また，リーダーシップ構造のサイズは，それが遂行する機能，資源を調達するために必要とされる連結の数，外部資金に対する依存の程度および規制の程度などによって異なったものとなる。

　他方，組織間の資源や支持の獲得という点において，契約を通じた関係では不確実性を十分に削減できない場合には，合同が成立する可能性がある。合同は，2つ以上の組織が，一定期間にわたり，特定の事項に関して，共同で行動することであり，合弁やアソシエーションの形成が含まれる。合弁は，組織間で資源や能力を共有して共同事業を遂行することであり，組織は自律性を確保しながら，他組織との依存性の一部を吸収することによって，その支持を獲得する。また，アソシエーションは，共同目的を達成するために複数の組織が集合して設立する協会や組合であり，業界団体のような同種組織間のアソシエーションが典型であるが，異種組織間においても形成され，その範囲も地域レベル，全国レベルあるいは国際レベルへと広がる。合同は，資源の重複を削減し，規模の経済性を実現し，競争を緩和するが，その反面，合同が進むにつれて，個々の組織の自律性は失われる。

　協調戦略の段階が規範形成，契約締結，役員導入，そして合同へと進むにつれて，組織間の役割と地位の分化が生じ，組織間関係がよりタイトに構造化されていく。そうした組織間構造の発達は，資源取引のパターン化を進展

させ,組織間関係に安定性をもたらすが,しかし,組織間の依存関係が片務的な場合には,どちらか一方の組織の自律性の喪失を招くことになり,その結果としてのパワーの不均衡を固定化することになる。したがって,協調戦略を成功裡に展開するには,組織間のパワー関係に配慮することが重要な鍵となる。

4）政治戦略

政治戦略は,組織と他組織の関係を第三者の影響下で間接的に調整するための方策である。各当事者は,第三者に働きかけ,そして,第三者による評価や介入によって組織間の依存性が調整されることになる。政治戦略には,広報活動,自発的反応,制度化および政治活動が含まれる。

組織は,広報活動を通じて,環境要素である他者が抱くイメージをより好ましいものにしようと働きかける。広報活動の成功によって得られる名声は,当該組織に対する社会からの支持を高め,他者への依存性を削減する。また,組織はさまざまな利害集団,市民運動あるいは社会問題に対して自発的に関わり合うことによって,社会的責任を果たし,組織の存在価値を高めようとする。その結果,社会的な正当性が高まり,世論の支持を獲得することができる。さらに,組織は制度化された社会環境の中に組み込まれた存在であり,したがって,社会の制度的圧力に対して適合性が求められ,組織の活動にはそうした環境の期待や要求が反映されなければならない。言い換えれば,組織は,上位システムの目的や価値に同調することによって,その支持を獲得し,存続の保証を得ようとする。

組織はまた,政治活動を通じて政府という第三者機関に働きかける。こうした政治活動は,個別組織の単独行動というよりも,多くの組織が集合し,圧力団体を形成して行われる場合も多い。その結果,政府は,補助金等の支援や許認可等の規制を通じて,間接的に組織間関係に影響を及ぼすことになる。

このように,組織は単に効率性を追求するだけでは存続できないのである。したがって,組織は,さまざまな政治戦略を通じて,組織の存在価値を高めるための正当性を獲得しようとする。

5　組織間関係のマネジメント

　組織は，オープン・システムであり，環境に適応することによって，存続し，発展することができる。組織が適応すべき環境は，取引先や顧客，出資者や債権者，労働組合，政府，地域社会といったさまざまなステークホルダーから構成される。特に，組織社会といわれる今日では，組織の環境適応は，当該組織と他組織との間の関係性の問題として表れており，組織間関係をいかにマネジメントするかが重要な課題となっている。組織間関係には，資源，取引および構造の基本的要素が含まれ，それらのあり方は，組織間の依存性，パワーおよび不確実性を規定する。組織は，そうした依存性やパワーに関わる諸問題に対処するために，組織間調整のための戦略を展開し，組織間の不確実性を削減する。その結果，組織は，現在の活動を安定させ，さらに将来の成長のための道筋を描くことができる。

　組織間関係のマネジメントは，組織間関係の基本的要素である「資源」,「取引」および「構造」のあり方を認識し，それらが組織間関係の諸相としての「依存性」,「パワー」および「不確実性」の現況にどのように表出しているのかを評価した上で，依存性の吸収・回避，パワーの均衡あるいは不確実性の削減を意図した組織間調整戦略である「緩衝戦略」,「自律戦略」,「協調戦略」あるいは「政治戦略」を適用するプロセスである（図3-1参照）。組織は，こうした組織間関係をマネジメントするための組織間調整戦略として，緩衝戦略，自律戦略，協調戦略，さらに政治戦略を組み合わせ，組織間関係に適用することによって，環境適応を図る。緩衝戦略は，組織の周縁あるいは境界に，環境からの影響を和らげるための仕組みを導入することによって，組織間の依存性を分離することができる場合に採用される。また，自律戦略は，成長や競争を通じて，組織が自力で他組織との依存性を吸収あるいは回避することができる場合に適用される。他方，協調戦略は，組織間の相互の依存性を利用することによって，組織が他組織と共生・協力関係を創出するための方策であり，組織間の資源や能力を連結し，業績を安定させ，さらにイノベーションの推進を可能にする。しかし，協調戦略では，依存性は部分的にしか

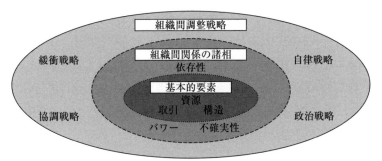

図 3-1　組織間関係のマネジメント

吸収されないため，その意味では組織の自律性は制約され，パワーの不均衡に関わる問題が生じることになる。さらに，政治戦略は，当事者間で依存性を処理できない場合に適用され，通常は両者の上位システムである第三者に働きかけ，その影響力や作用を通じて，組織間の問題を解決する方法である。

　組織間関係のマネジメントにおいて，組織は，自律性を保持・増進し，他組織に対するパワーの獲得を目指す。したがって，組織は当初，緩衝戦略や自律戦略を適用することによって，資源や能力を維持・蓄積し，他組織との依存関係において自律性を保ち，さらにパワー関係において優位を得ようとする。しかし，個別組織の資源や能力に制約がある場合，緩衝戦略や自律戦略では組織間の取引に関わるすべての依存性を処理することはできない。また，環境の不確実性が高く，将来の変化を予測することが困難な状況では，組織は，他組織との協力関係を構築することによって，イノベーションを促進すると同時に，失敗のリスク負担を分散する。このように，資源や能力の限界のために組織間の依存性を吸収・回避することができない場合や，積極的に他組織と協力するために新たな依存性を創造しようとする場合，組織は協調戦略を採用することになる。

　協調戦略には，他組織が有する資源への接近が組織の死活問題になるために協調行動を半ば強いられるような消極的なものもあれば，オープンイノベーションによる新事業展開を進めるための積極的な協調戦略もある。前者

は，下請け構造に見られるようなパワー格差を内包する組織間の垂直的な関係を生じさせる一方，後者はネットワーク構造に代表されるような水平的な関係を導く。

　協調戦略が進展することによって，組織間の関係は，市場による交換関係から階層による権限関係へと，よりタイトに構造化されていく。組織間構造は，組織間のパターン化した相互作用の関係システムであり，その形態は，市場型，連合型，連邦型および階層型に分類される[13]。市場型組織間構造は，各組織の自律性が高く，組織間の調整をほとんど必要としないようなルースな関係性である。連合型組織間構造は，当事者間の直接の交渉によって調整がなされるのに対し，連邦型組織間構造では組織間に調整のための新たな管理組織が創出される。さらに，階層型組織間構造は，組織間の依存性が高く，各組織の活動を統合するために，所有関係に基づく公式の権限関係が行使される。こうした組織間構造の発展に応じて，市場型に表れる非公式の影響力による調節から，連合型や連邦型のような中間的形態に見られる相互の依存性に基づくパワー関係による調整，さらに階層型における組織内構造と同様の公式の権限による統合に至るまで，異なる調整メカニズムが適用されることになる。

　さらに，組織間関係において，協調戦略では当事者間の諸問題を解決できない場合，組織は，政治戦略に訴えることになる。政治戦略は，第三者の介入を通じて，組織間の一方的依存によるパワーの不均衡を均衡化させるための試みでもある。組織は，政治戦略を行使するにあたり，業界団体に見られるように同業者の組織化を図ることによって，個別組織の政治力を補う。

　組織間関係のマネジメントでは，組織は自律性を保持あるいは依存性を回避しようとする存在であることを前提とする。なぜなら，組織は，必要とする資源を獲得するために，それらを保有する他組織に依存することになればなるほど，当該組織の生存は他組織の意思と行動に委ねられてしまうことになるからである。したがって，緩衝戦略や自律戦略によって環境に適応できる場合には，それらの戦略が優先的に適用される。しかし，緩衝戦略や自律

戦略では組織間の依存性を処理できない場合，組織は協調戦略を展開することになり，組織の環境適応において，協調戦略の成否が組織の成果に大きな影響を及ぼし，その存続・発展を左右する。協調戦略は，組織間調整メカニズムや組織間構造の発達に関わり，また，その最終段階において合併や買収といった方策に至る場合には，他組織との依存性が吸収され，協調戦略は自律戦略に転化することになる。さらに，組織は，政治戦略を採用することによって，組織間の諸問題の解決を図ろうとする。このように組織は，環境の不確実性が高くなるにつれて，依存性やパワーに関わる組織間関係をマネジメントするために，累積的に組織間調整戦略を適用することになる。

第2節　輸送サービスに対する荷主と物流事業者の意向調査：運送事業者における下請け構造や物流子会社の問題点

今回,「輸送サービスに対する荷主と物流事業者の意向調査」(以下「アンケート」という。)の中で，物流事業者（回収率16.2%，135社/831社）と荷主企業（回収率12.1%，174社/1436社）のそれぞれに対して，運送事業者における下請け構造や物流子会社[14]の問題点についても調査を行った。

今回のアンケートの目的の一つは，こうした下請け構造や物流子会社に関わる現状と諸問題を明らかにした上で，その課題解決のための糸口を探り，今後の輸送サービスに関する質の向上と効率化の促進のための方策について探求することである。以下，アンケートの集計結果を示す。

1　運送事業者の物流下請けや物流子会社に関する現況

運送事業者における下請け構造や物流子会社の問題点を考える上で，まず運送事業者の物流下請けや物流子会社に関する現況について調査した（表3-1参照）。その結果，物流事業者の回答では，下請け業務が51.9%（回答数70）を占め，さらに，そうした業務が荷主の物流子会社を通じて依頼されている割

表 3-1 物流下請けや物流子会社に関する現況

事業者		
貴社における物流下請けの現況（複数選択可）	MA	率
①自社の業務量の50%以上は元請け等からの下請け業務である真荷主からの直請け業務である	70	51.9%
②自社の業務量の50%以上は荷主の物流子会社を通じて依頼されている	33	24.4%
③上記の何れでもない	28	20.7%
無記入	7	5.2%
回答数	135	
荷主		
運送事業者の物流下請け，物流子会社に関する現況（複数選択可）	MA	率
①物流業務の50%以上は，運送事業者が下請け事業者に下請けさせていると考えられる	50	28.7%
②物流業務の50%以上は，自社の物流子会社を通じて運送事業者に依頼している	33	19.0%
③上記の何れでもない	72	41.4%
無記入	24	13.8%
回答数	174	

合は24.4%（回答数33）であった。他方，荷主側の28.7%（回答数50）は，運送事業者が下請け事業者を利用していると考えており，また，物流業務の50%以上を自社の物流子会社を通じて運送事業者に依頼していると回答した割合は19.0%（回答数33）となっている。

規模別の集計結果（表3-2参照）からは，物流事業者の規模（車両台数）に関係なく下請け業務の存在を確認することができる。このことから，物流業界において多段階にわたる下請け構造が形成され，そして，保有する車両台数が10台以下の業者だけでなく，30台以上の業者も含めて，その業務において下請け業務に依存する割合が相当高いという現状をうかがい知ることができる。また，荷主の物流子会社を通じた依頼は，相対的に規模が大きい物流事業者の方が多いことから，物流子会社はある程度の車両台数を保有する事業者に下請け業務を発注していると推測できる。他方，荷主側では，規模（従

表 3-2 物流下請けや物流子会社に関する現況（規模別）

事業者	規模別				
貴社における物流下請けの現況（複数選択可）	10台以下	30～11	31台以上	不明	総計
①自社の業務量の50％以上は元請け等からの下請け業務である 真荷主からの直請け業務である	20 (28.6%)	27 (38.6%)	21 (30.0%)	2	70
②自社の業務量の50％以上は荷主の物流子会社を通じて依頼されている	6 (18.2%)	15 (45.5%)	11 (33.3%)	1	33
③上記の何れでもない	10 (35.7%)	11 (39.3%)	7 (25.0%)	0	28
無記入	1	2	1	3	7
荷主	規模別				
運送事業者の物流下請け，物流子会社に関する現況（複数選択可）	20人以下	300～21	301人以上	不明	総計
①物流業務の50％以上は，運送事業者が下請け事業者に下請けさせていると考えられる	9 (18.0%)	30 (60.0%)	7 (14.0%)	4	50
②物流業務の50％以上は，自社の物流子会社を通じて運送事業者に依頼している	6 (18.2%)	24 (72.7%)	1 (3.0%)	2	33
③上記の何れでもない	18 (25.0%)	36 (50.0%)	14 (19.4)	4	72
無記入	8	8	2	6	24

業員数）が21～300人の企業で自社の物流子会社を通じた依頼が多く，自社の物流需要がある程度大きくなった時点で，物流の合理化や効率化が求められるようになり，その結果，物流子会社の設立による業務の見直しにつながっているのではないかと考えられる。

また，顧客業種別の集計結果（表3-3参照）からは，物流事業者において，下請け業務の発注先が同業の物流業である割合が高く，物流業界におけるピラミッド型の下請け階層構造の存在を推測できる。他方，荷主側では，顧客業種が流通業よりも製造業や建設業の企業の方が物流子会社を通じた発注が多く見られる。その理由として，製造業や建設業では，原材料や部品の納期等が操業の効率化等に直接関わるため，そうした顧客をもつ荷主は，物流子会

表 3-3　物流下請けや物流子会社に関する現況（顧客業種別）

事業者	顧客業種別				
貴社における物流下請けの現況（複数選択可）	その他	製造業・流通業	不明	物流業	総計
①自社の業務量の 50％以上は元請け等からの下請け業務である 真荷主からの直請け業務である	16 (22.9%)	15 (21.4%)	3	36 (51.4%)	70
②自社の業務量の 50％以上は荷主の物流子会社を通じて依頼されている	6 (18.2%)	3 (9.1%)	0	24 (72.7%)	33
③上記の何れでもない	10 (35.7%)	8 (28.6%)	0	10 (35.7%)	28
無記入	1	1	2	3	7
荷主	顧客業種別				
運送事業者の物流下請け，物流子会社に関する現況（複数選択可）	建設業他	製造業	不明	流通業	総計
①物流業務の 50％以上は，運送事業者が下請け事業者に下請けさせていると考えられる	11 (22.0%)	29 (58.0%)	0	10 (20.0%)	50
②物流業務の 50％以上は，自社の物流子会社を通じて運送事業者に依頼している	11 (33.3%)	15 (45.5%)	0	7 (21.2%)	33
③上記の何れでもない	21 (29.2%)	38 (52.8%)	2	11 (15.3%)	72
無記入	8	9	3	4	24

社による運営を通じて，物流の品質を管理しようとしているからではないかと考えられる。

このように物流業務のかなりの部分が，物流子会社やグループ会社を通じた下請け構造の中で担われている現状がうかがえる。そのため，物流サービスの効率性を高め，品質を向上させる上で，物流子会社や下請け会社を含む企業間の関係管理は必要不可欠であると考えられる。

2　運送事業者が下請け事業者を利用することの問題点

次に，運送事業者が下請け事業者を利用することの問題点について回答を求めた（**表3-4参照**）。その結果，物流事業者では，「運賃・料金の更なる値下

げにつながる」と回答した企業が50.4％（回答数68）で最も多かった．反面，荷主側では，「運賃・料金の値下げにはなかなか応じない」と回答した企業は9.8％（回答数17）と少なかった．まさに運賃・料金は両者で利益が相反する項目であるといえるが，長期的な観点に立てば，適正料金の設定は，物流事業者と荷主双方に利益をもたらすものであると考えられる．他方，「納品サービス水準が低下する」と回答した割合は，物流事業者では37.8％（回答数51），荷主では40.2％（回答数70）であり，双方とも多く，共通の問題として認識されている．その他，「物流システムの改善が期待できない」および「時間指定などの運送条件が悪化する」については，物流事業者の回答はそれぞれ13.3％（回答数18）と22.2％（回答数30）であり，また，荷主の回答は19.5％（回答数34）と24.7％（回答数43）であった．両方とも荷主の回答の方が多く，物流品質に関する関心を反映したものであると考えられるが，しかし，物流事業者および荷主双方において他の回答よりも相対的に注目度は低い．その理由は，すでに物流に関するシステム改善や時間指定については一定水準以上のレベルに到達しているからであるかもしれない．このことは，「特に問題は発生しない」と回答した物流事業者が19.3％（回答数26），荷主では27.6％（回答数48）といった結果に表れている．すなわち，物流サービスに関しては，現状において，特に荷主側では一定の満足が得られていると考えられる．

　規模別の集計結果（**表3-5**参照）からは，物流事業者において，車両の保有台数が10台以下の業者だけではなく，11～30台および31台以上の企業も含めて，運賃・料金の値下げ圧力にさらされている現状をうかがい知ることができる．他方，荷主側では，特に従業員数が21～300人規模の企業は，納品サービスや物流システムの改善に対する関心が高いようである．そのような規模の荷主は，顧客に対する力関係において微妙な立場にあり，製品だけでなく納品を含めて総合的なサービスをおろそかにするわけにいかない状況に置かれているからかもしれない．

　また，顧客業種別の集計結果（**表3-6**参照）からは，物流事業者において，運賃・料金の更なる値下げの恐れは，その顧客が物流業である場合に多く見ら

表 3-4 下請け事業者を利用することの問題点

事業者		
運送事業者が下請け事業者を利用することの問題点（複数選択可）	MA	率
①納品サービス水準が低下する	51	37.8%
②物流システムの改善が期待できない	18	13.3%
③運賃・料金の更なる値下げにつながる	68	50.4%
④時間指定などの運送条件が悪化する	30	22.2%
⑤特に問題は発生しない	26	19.3%
⑥その他	4	3.0%
無記入	6	4.4%
回答数	135	

荷主		
運送事業者が下請け事業者を利用することの問題点（複数選択可）	MA	率
①納品サービス水準が低下する	70	40.2%
②物流システムの改善が期待できない	34	19.5%
③運賃・料金の値下げにはなかなか応じない	17	9.8%
④時間指定など運送条件が悪化する	43	24.7%
⑤特に問題は発生しない	48	27.6%
⑥その他	15	8.6%
無記入	16	9.2%
回答数	174	

れる。すなわち，そうした物流事業者が組み込まれている厳然とした下請け構造の中で，常に運賃・料金の値下げ圧力が存在することを暗示している。他方，荷主側では，顧客が特に製造業の場合に，納品サービス水準の低下や時間指定など運送条件の悪化についての懸念が多く表れており，顧客(製造業)との厳しい取引条件の存在を垣間見ることができる。

このように，運送事業者が下請け事業者を利用することの問題点として，物流事業者側および荷主企業側の双方ともサービス水準の低下を懸念していることがうかがえる。しかし，物流事業者側では，それ以上に運賃・料金の低下を問題点として指摘している一方で，荷主企業側の運賃・料金に対する

表 3-5 下請け事業者を利用することの問題点（規模別）

事業者	規模別				
運送事業者が下請け事業者を利用することの問題点（複数選択可）	10台以下	30〜11	31台以上	不明	総計
①納品サービス水準が低下する	10（19.6%）	21（41.1%）	18（35.3%）	2	51
②物流システムの改善が期待できない	4（22.2%）	8（44.4%）	5（27.8%）	1	18
③運賃・料金の更なる値下げにつながる	16（23.5%）	32（47.1%）	18（26.5%）	2	68
④時間指定などの運送条件が悪化する	10（33.3%）	12（40.0%）	8（26.6%）	0	30
⑤特に問題は発生しない	12（46.2%）	6（23.1%）	8（30.8%）	0	26
⑥その他	1	3	0	0	4
無記入	1	2	1	2	6
荷主	規模別				
運送事業者が下請け事業者を利用することの問題点（複数選択可）	20人以下	300〜21	301人以上	不明	総計
①納品サービス水準が低下する	11（15.7%）	43（61.4%）	11（15.7%）	5	70
②物流システムの改善が期待できない	3（8.8%）	23（67.6%）	5（14.7%）	3	34
③運賃・料金の値下げにはなかなか応じない	4（23.5%）	13（76.5%）	0（0.0%）	0	17
④時間指定など運送条件が悪化する	9（20.9%）	25（58.1%）	8（18.6%）	1	43
⑤特に問題は発生しない	16（33.3%）	23（47.9%）	8（16.7%）	1	48
⑥その他	0	11	3	1	15
無記入	3	6	1	6	16

関心は低いことが読み取れる。こうした相違の背景として，運賃・料金の価格設定において，物流企業側の方が荷主企業側よりも交渉力の点で相対的に不利な状況にあるといった物流業界の現状を推察できる。ただし，そのような現状は，需給構造を含めた経済的環境や規制その他の政治的環境によって変化し得る。したがって，物流事業者側および荷主企業側の双方の発展を考えた場合，それは当然，短期的な観点から一方の利益を追求するような行動

表 3-6 下請け事業者を利用することの問題点（顧客業種別）

事業者	顧客業種別				
運送事業者が下請け事業者を利用することの問題点（複数選択可）	その他	製造業・流通業	不明	物流業	総計
①納品サービス水準が低下する	8（15.7%）	13（25.5%）	1	29（56.9%）	51
②物流システムの改善が期待できない	3（16.7%）	5（27.8%）	0	10（55.6%）	18
③運賃・料金の更なる値下げにつながる	12（17.6%）	14（20.6%）	0	42（61.8%）	68
④時間指定などの運送条件が悪化する	4（13.3%）	11（36.7%）	1	14（46.7%）	30
⑤特に問題は発生しない	8（30.8%）	2（7.7%）	1	15（57.7%）	26
⑥その他	3	1	0	0	4
無記入	1	1	2	2	6

荷主	顧客業種別				
運送事業者が下請け事業者を利用することの問題点（複数選択可）	建設業他	製造業	不明	流通業	総計
①納品サービス水準が低下する	8（11.4%）	47（67.1%）	1	14（20.0%）	70
②物流システムの改善が期待できない	7（20.6%）	18（52.9%）	1	8（23.5%）	34
③運賃・料金の値下げにはなかなか応じない	5（29.4%）	12（70.6%）	0	0（0.0%）	17
④時間指定など運送条件が悪化する	9（20.9%）	24（55.8%）	2	8（18.6%）	43
⑤特に問題は発生しない	22（45.8%）	20（41.7%）	0	6（12.5%）	48
⑥その他	3	8	0	4	15
無記入	6	6	3	1	16

では実現できない。物流事業者側および荷主企業側の相互信頼に基づいて，長期的な協働関係を構築することが必要になると考えられる。そのためには，サプライチューン全体を展望する企業（組織）間関係のマネジメントが必要となるであろう。

3　課題改善の方向

　運送事業者が下請け事業者を利用することの問題点を解決するための課題改善の方向はどうあるべきか（**表 3-7 参照**）。アンケートの集計結果では，物流事業者側において，「需給両者による検討の場を設定する（場合によっては着荷主も交える）」と答えた企業が 54.1%（回答数 73）で最も多く，組織間コミュニケーション[15]の重要性が認識されていた。続いて，「運送事業者があくまでも自己責任として，その欠点を改善する」が 30.4%（回答数 41），そして「荷主企業が積極的にその欠点を指摘し改善する」が 26.7%（回答数 36）であり，物流事業者において，荷主の意見も取り入れながら自律的に問題解決にあたろうとする姿勢がうかがえる。それに対して，「物流子会社としての機能，組織のあり方を見直す」とした回答は 12.6%（回答数 17）と少なく，物流子会社の存在やその運用に関する問題は大きくないとの認識があり，反対に，ある程度の効果が評価されているのかもしれない。他方，荷主側では，「運送事業者があくまでも自己責任として，その欠点を改善する」と回答した企業が最も多く，44.3%（回答数 77）であった。それは，荷主にとって物流の世界のことは他人事として片付けられていると理解できるのかもしれないが，しかし，物流のプロフェッショナルとしての物流事業者への期待と要求を反映した結果であるとも考えられる。

　次に回答として多かった「需給両者（我が社（発荷主）・運送事業者）による検討の場を設定する（場合によっては着荷主も交える）」は 29.9%（回答数 52），そして「荷主企業自身が積極的にその欠点を指摘し改善する」が 29.3%（回答数 51）であり，そこには発荷主，物流事業所および着荷主を含めた関係者間でのコミュニケーションを促進し，問題解決を図ろうとする姿勢が垣間見られる。反対に「物流子会社としての機能，組織のあり方を見直す」とした回答は少なく，6.3%（回答数 11）であり，荷主側でも物流子会社の役割が一定程度評価されていることの証左なのかもしれない。

　規模別の集計結果（**表 3-8 参照**）からは，「需給両者による検討の場を設定する」とした回答は，物流事業者において，車両台数 10 台以下よりも 11〜30

表 3-7 課題改善の方向

事業者		
課題改善の方向（複数選択可）	MA	率
①運送事業者があくまでも自己責任として，その欠点を改善する	41	30.4%
②荷主企業が積極的にその欠点を指摘し改善する	36	26.7%
③需給両者による検討の場を設定する（場合によっては着荷主も交える）	73	54.1%
④物流子会社としての機能，組織のあり方を見直す	17	12.6%
⑤その他	3	2.2%
無記入	7	5.2%
回答数	135	

荷主		
課題改善の方向（複数選択可）	MA	率
①運送事業者があくまでも自己責任として，その欠点を改善する	77	44.3%
②荷主企業自身が積極的にその欠点を指摘し改善する	51	29.3%
③需給両者（我が社（発荷主）・運送事業者）による検討の場を設定する（場合によっては着荷主も交える）	52	29.9%
④物流子会社としての機能，組織のあり方を見直す	11	6.3%
⑤その他	8	4.6%
無記入	19	10.9%
回答数	174	

台および31台以上のより規模の大きな企業に多く見られるに対し，荷主の回答では，従業員数21〜300人規模の企業において顕著である。このことは，物流事業者および荷主双方とも一定の経営規模以上になると，他組織への能動的な働きかけや組織間の関係性といった経営環境の問題が意識されるからかもしれない。

また，顧客業種別の集計結果（表3-9参照）からは，物流事業者の中で顧客業種が同業の物流業である事業者が，課題改善の方向として「需給両者による検討の場を設定する」を最も多く選択している。それは，下請け構造に組み込まれた企業間の諸問題を解決する方策として，組織間コミュニケーションの有効性が認識されている証である。他方，荷主側の回答では，顧客業種が

表 3-8 課題改善の方向（規模別）

事業者	規模別				
課題改善の方向（複数選択可）	10 台以下	30～11	31 台以上	不明	総計
①運送事業者があくまでも自己責任として，その欠点を改善する	12 (29.3%)	19 (46.3%)	10 (24.4%)	0	41
②荷主企業が積極的にその欠点を指摘し改善する	10 (27.8%)	13 (36.1%)	12 (33.3%)	1	36
③需給両者による検討の場を設定する（場合によっては着荷主も交える）	14 (19.2%)	30 (41.1%)	26 (35.6%)	3	73
④物流子会社としての機能，組織のあり方を見直す	5 (29.4%)	6 (35.3%)	6 (35.3%)	0	17
⑤その他	2	1	0	0	3
無記入	2	3	0	2	7

荷主	規模別				
課題改善の方向（複数選択可）	20 人以下	300～21	301 人以上	不明	総計
①運送事業者があくまでも自己責任として，その欠点を改善する	26 (33.8%)	36 (46.8%)	10 (13.0%)	5	77
②荷主企業自身が積極的にその欠点を指摘し改善する	9 (17.6%)	29 (56.9%)	10 (19.6%)	3	51
③需給両者（我が社（発荷主）・運送事業者）による検討の場を設定する（場合によっては着荷主も交える）	7 (13.5%)	34 (65.4%)	8 (15.4%)	3	52
④物流子会社としての機能，組織のあり方を見直す	3 (27.3%)	7 (63.6%)	0 (0.0%)	1	11
⑤その他	0	5	2	1	8
無記入	5	6	2	6	19

製造業の荷主において，「運送事業者があくまでも自己責任として，その欠点を改善する」とした回答が多く，課題改善を物流事業者自身の内部の問題であると考えているようである。また，同じく顧客業種が製造業の荷主では，「荷主企業自身が積極的にその欠点を指摘し改善する」あるいは「需給両者による検討の場を設定する」と回答した企業の割合が大きく，課題改善自体に対する関心は高いようである。それは，顧客である着荷主からの要求の厳し

表 3-9 課題改善の方向（顧客業種別）

事業者	顧客業種別				
課題改善の方向（複数選択可）	その他	製造業・流通業	不明	物流業	総計
①運送事業者があくまでも自己責任として，その欠点を改善する	10 (24.4%)	10 (24.4%)	1	20 (48.8%)	41
②荷主企業が積極的にその欠点を指摘し改善する	8 (22.2%)	5 (13.9%)	1	22 (61.1%)	36
③需給両者による検討の場を設定する（場合によっては着荷主も交える）	16 (21.9%)	14 (19.2%)	1	42 (57.5%)	73
④物流子会社としての機能，組織のあり方を見直す	3 (17.6%)	5 (29.4%)	1	8 (47.1%)	17
⑤その他	2	0	0	1	3
無記入	3	0	2	2	7

荷主	顧客業種別				
課題改善の方向（複数選択可）	建設業他	製造業	不明	流通業	総計
①運送事業者があくまでも自己責任として，その欠点を改善する	20 (26.0%)	42 (54.5%)	0	15 (19.5%)	77
②荷主企業自身が積極的にその欠点を指摘し改善する	12 (23.5%)	29 (56.9%)	2	8 (15.7%)	51
③需給両者（我が社（発荷主）・運送事業者）による検討の場を設定する（場合によっては着荷主も交える）	11 (21.2%)	26 (50.0%)	1	14 (26.9%)	52
④物流子会社としての機能，組織のあり方を見直す	4 (36.4%)	4 (36.4%)	0	3 (27.3%)	11
⑤その他	5	3	0	0	8
無記入	8	6	3	2	19

さと発・着荷主間にあるパワーの不均衡を反映しているのかもしれない。

　このように，輸送サービスの低下や運送条件の悪化という点も含め，荷主企業側および物流事業者側の双方とも下請け構造に対する問題点の存在を多少なりとも認識していることは明らかである。アンケート結果からは，物流業務に関する諸問題を解決するためには，荷主企業あるいは物流事業者それ

ぞれの立場において，運送事業者の自助努力による自律的な問題解決が重要であると認識されている。しかし，各主体の単独の取組には限界があるため，荷主および物流事業者を含め関係者の協働的努力が必要になると考えられる。そうした考えは，アンケート結果から特に物流事業者に強く表れており，組織間でのコミュニケーションの促進をより一層図ることが望まれている。反対に，荷主企業側では物流事業者に比べて，検討の場を設定することを含め，当事者間での協働的な問題解決に対する関心はそれほど高くないことがうかがえる。また，課題改善のために荷主企業が積極的にその欠点を指摘することに対しては，物流事業者側の回答の中ではそれほど大きなウェイトを占めておらず，逆に荷主企業の干渉を回避したいとの意向も読み取れる。

さらに，課題改善の方向として「物流子会社としての機能，組織のあり方を見直す」と回答した企業は，荷主企業よりも物流事業者において多いものの全体的には関心はそれほど高くない。いずれにしても，輸送サービスの改善や物流活動の効率化および物流機能の高度化のために，諸々の課題を解決して行く上で，個別企業の自律的な努力はもとより重要であるが，それと同時に，荷主企業側および物流事業者側の双方を含めた企業（組織）間の協働活動がより良い成果を導くと考えられる。そのための仕組みをいかに構築するかが検討されなければならない。

4　改善のための課題・対策（含む行政策）

さらに，アンケートでは，運送事業者の物流下請けや物流子会社に関する問題に対して，改善を進める上での課題・対策について質問した（表3-10参照）。その結果，物流事業者において，最も多かった回答は「納品サービスレベルの低下を招かないよう，日頃からの指導を徹底する」で43.7％（回答数59），次に「改善例を収集し，元請けと下請けの間でこれを広く共有する」が42.2％（回答数57），続いて「企業間協力を更に推進する」が34.8％（回答数47）であり，日頃から組織間コミュニケーションを密にすることの必要性が意識されていると考えられる。反対に，「下請けに関する運送契約を締結する際，

下請け条件等を明記する」と回答した企業が 14.8%（回答数 20），また「物流量を平準化させ，下請け事業者のスポットの利用は抑制する」とした回答は 20.0%（回答数 27）であり，比較的少なかった。そうした結果の背景として，現在の下請け構造自体が，物流需給の変動など環境変化に対する柔軟性を維持する上でメリットがあり，物流業界では必然的な構造であるとの認識の存在を推測できる。他方，荷主側の回答で多かったのは，「改善例を収集し，荷主企業と運送事業者との間でこれを広く共有する」で 48.3%（回答数 84）であり，荷主企業においても物流事業者との情報共有や組織間協力の重要性が認識されていると考えられる。また，「納品サービスレベルの低下を招かないよう，日頃から運送事業者が努力する」と回答した企業が 32.8%（回答数 57），「企業間協力を更に推進する」が 19.0%（回答数 33）であり，これらの回答からは荷主企業が物流事業者の自助努力を求める傾向も強いことがうかがえる。反対に，「物流量を平準化させ，下請け事業者のスポットの利用は極力排除する」は 9.2%（回答数 16），「運送契約書面を準備し，これに運送条件等を明記する」は 13.8%（回答数 24）となっており，物流事業者の回答結果と同様に相対的に少なかった。その理由として考えられるのは，荷主側においても，下請け構造の必要性や現況に対する肯定的な意見が回答に反映されているからかもしれない。

　規模別の集計結果（**表 3-11 参照**）からは，物流事業者において，規模に関係なく企業間の情報共有やコミュニケーションの促進および協力関係の一層の推進が問題解決のために必要であると認識されていた。しかし，物流量の平準化と下請け事業者の利用抑制については，より小規模な企業の支持はあまり得られていないようである。そこから読み取れることは，小規模物流事業者ほど下請け業務に依存する割合が高いということである。他方，荷主側でも，物流事業者との間で情報を共有することの重要性が認識されており，その傾向は特に従業員数 21～300 人規模の企業に多く見られる。それは，企業もある程度の規模に成長すると，環境適応上の選択肢として他組織との協調とその効果を意識するようになるからだと考えられる。

表 3-10 改善のための課題・対策

事業者		
そのための課題・対策（含む行政策）（複数選択可）	MA	率
①改善例を収集し，元請けと下請けの間でこれを広く共有する	57	42.2%
②下請けに関する運送契約を締結する際，下請け条件等を明記する（分野　　　　）	20	14.8%
③物流量を平準化させ，下請け事業者のスポットの利用は抑制する	27	20.0%
④納品サービスレベルの低下を招かないよう，日頃からの指導を徹底する	59	43.7%
⑤企業間協力を更に推進する	47	34.8%
⑥その他	5	3.7%
無記入	5	3.7%
回答数	135	

荷主		
そのための課題・対策（含む行政策）（複数選択可）	MA	率
①改善例を収集し，荷主企業と運送事業者との間でこれを広く共有する	84	48.3%
②運送契約書面を準備し，これに運送条件等を明記する（分野　　　　）	24	13.8%
③物流量を平準化させ，下請け事業者のスポットの利用は極力排除する	16	9.2%
④納品サービスレベルの低下を招かないよう，日頃から運送事業者が努力する	57	32.8%
⑤企業間協力を更に推進する	33	19.0%
⑥その他	10	5.7%
無記入	20	11.5%
回答数	174	

　また，顧客業種別の集計結果（**表 3-12** 参照）からは，次のことが浮かび上がってくる。すなわち，物流事業者の顧客業種が物流業である場合には下請け関係を想定できるが，そのような同業者間において，下請け構造の問題点と改善方策に関して，ある程度共通認識が見られることである。改善のための方策として，短期的には直接の指導を徹底すること，より長期的には改善例等の情報を共有し，協力関係を深めることが支持されている。その場合，一方向的な強制ではなく，双方に利益をもたらす施策が必要となるであろう。他

表 3-11 改善のための課題・対策（規模別）

事業者	規模別				
そのための課題・対策（含む行政策）（複数選択可）	10台以下	30〜11	31台以上	不明	総計
①改善例を収集し，元請けと下請けの間でこれを広く共有する	16 (28.1%)	25 (43.9%)	16 (28.1%)	0	57
②下請けに関する運送契約を締結する際，下請け条件等を明記する（分野　　　　　）	7 (35.0%)	7 (35.0%)	6 (30.0%)	0	20
③物流量を平準化させ，下請け事業者のスポットの利用は抑制する	3 (11.1%)	14 (51.9%)	9 (33.3%)	1	27
④納品サービスレベルの低下を招かないよう，日頃からの指導を徹底する	15 (25.4%)	21 (35.6%)	21 (35.6%)	2	59
⑤企業間協力を更に推進する	12 (25.5%)	18 (38.3%)	16 (34.0%)	1	47
⑥その他	2	1	2	0	5
無記入	1	2	0	2	5

荷主	規模別				
そのための課題・対策（含む行政策）（複数選択可）	20人以下	300〜21	301人以上	不明	総計
①改善例を収集し，荷主企業と運送事業者との間でこれを広く共有する	15 (17.9%)	53 (63.1%)	12 (14.3%)	4	84
②運送契約書面を準備し，これに運送条件等を明記する（分野　　　　　）	4 (16.7%)	13 (54.2%)	5 (20.8%)	2	24
③物流量を平準化させ，下請け事業者のスポットの利用は極力排除する	4 (25.0%)	10 (62.5%)	2 (12.5%)	0	16
④納品サービスレベルの低下を招かないよう，日頃から運送事業者が努力する	14 (24.6%)	34 (59.6%)	8 (14.0%)	1	57
⑤企業間協力を更に推進する	5 (15.2%)	19 (57.6%)	5 (15.2%)	4	33
⑥その他	2	5	2	1	10
無記入	6	6	2	6	20

方，荷主側では，顧客（着荷主）業種が流通業よりも製造業の場合において，情報の収集・共有，契約書面化，下請けのスポット的な利用の抑制，コミュニケーションの促進あるいは協力関係の推進といった問題解決や現状改善のための取組に対する関心が相対的に高いようである。そうした結果は，製造業における物流活動の改善余地がまだまだ大きく，また，実施効果も高いと認識されていることの表れとして解釈することもできる。

　物流事業者の下請け構造に関わる諸課題を解決するためには，何が問題であるのかを理解し，それをどのように解決して行くべきかを考慮しなければならない。そのための方策として，アンケートの回答では，関係者間での情報共有が第一義的に捉えられている。すなわち，物流事業者側および荷主企業側の双方が，現状や改善策に関する共通理解を醸成することが第一歩となり，そして，課題解決のための継続的なコミュニケーションと協働的努力を行うことが認識されていると考えられる。アンケートの結果では，そのことが特に物流事業者において強く認識されており，関係者間での改善例の収集・共有や企業間協力の推進といった事項に対する関心として表れている。このように，物流活動の改善のための物流事業者と荷主企業の協力関係の必要性については，一定程度理解されている。しかし，荷主側では企業間協力の推進に対する認識は相対的に低く，当事者間に温度差があることは否めず，物流事業者の自助努力によるサービス改善に対する期待や要求も強いと考えられる。

　また，物流事業者側および荷主企業側の双方とも「運送契約書面を準備し，これに運送条件等を明記する」といった回答は少なく，契約の書面化といった形式的要件への関心は低いようである。その理由として，日本的取引慣行に基づいて柔軟に調整し問題を解決することを好ましいと考え，書面契約による取引関係の硬直化を避ける傾向があるのではないかと推察される。さらに，「物流量を平準化させ，下請け事業者のスポットの利用は抑制する」といった項目に対する荷主企業側の回答は少なく，下請け構造が物流の調整弁として，荷主企業の物流の柔軟性を維持するための一定の役割を果たしている現

表 3-12 改善のための課題・対策（顧客業種別）

事業者	顧客業種別				
そのための課題・対策（含む行政策）（複数選択可）	その他	製造業・流通業	不明	物流業	総計
①改善例を収集し，元請けと下請けの間でこれを広く共有する	17 (29.8%)	10 (17.5%)	1	29 (50.9%)	57
②下請けに関する運送契約を締結する際，下請け条件等を明記する（分野　　　　）	4 (20.0%)	7 (35.0%)	0	9 (45.0%)	20
③物流量を平準化させ，下請け事業者のスポットの利用は抑制する	3 (11.1%)	8 (29.6%)	0	16 (59.3%)	27
④納品サービスレベルの低下を招かないよう，日頃からの指導を徹底する	11 (18.6%)	13 (22.0%)	2	33 (55.9%)	59
⑤企業間協力を更に推進する	11 (23.4%)	14 (29.8%)	1	21 (44.7%)	47
⑥その他	3	1	0	1	5
無記入	1	0	2	2	5

荷主	顧客業種別				
そのための課題・対策（含む行政策）（複数選択可）	建設業他	製造業	不明	流通業	総計
①改善例を収集し，荷主企業と運送事業者との間でこれを広く共有する	21 (25.0%)	44 (52.4%)	1	18 (21.4%)	84
②運送契約書面を準備し，これに運送条件等を明記する（分野　　　　）	7 (29.2%)	13 (54.2%)	1	3 (12.5%)	24
③物流量を平準化させ，下請け事業者のスポットの利用は極力排除する	6 (37.5%)	8 (50.0%)	1	1 (6.25%)	16
④納品サービスレベルの低下を招かないよう，日頃から運送事業者が努力する	13 (22.8%)	35 (61.4%)	1	8 (14.0%)	57
⑤企業間協力を更に推進する	10 (30.3%)	15 (45.5%)	0	8 (24.2%)	33
⑥その他	3	4	0	3	10
無記入	8	7	3	2	20

状をうかがい知ることができる。

　このように，物流事業者の下請け構造には，メリットもあると考えられるが，しかし，現状のデメリットも多い。特に，今後の物流環境の変化，たとえばトラック運転手の不足，グローバリゼーションの進展あるいはインターネット通販の増加などに適応していくためには，従来の物流業界の常識にとらわれない発想と，これまでの業務の枠組の抜本的な見直しが必要になると考えられる。

第3節　運送事業者を取り巻く組織間関係と地域物流の将来展望

　企業が存続・発展するための鍵は，その環境への適応力である。特に組織社会と言われる今日では，企業の環境適応を考える上で，他組織との資源の取引を通じた諸関係，すなわち組織間関係をどのように構築し，展開していくかが，重要な課題となっている。さらに，そうした適応は，時間とともに変化する動態的な諸関係をも考慮したものでなければならない。

　では，物流活動をめぐる企業の組織間関係はどうであろうか。運送事業者に焦点を置く場合，その関係には，発荷主との関係，着荷主との関係，元請け業者や他企業の物流子会社との関係，下請け業者との関係，同業者との関係あるいは業界団体との関係，さらに規制主体としての政府との関係などさまざまな組織間関係が含まれる。このような他組織との関係において，資源の取引が行われ，そして，関係性がある程度パターン化することによって組織間に一定の構造が生じることになる。運送事業者は，発荷主から物流業務を受注し，そして着荷主への納品をもって業務を完了する。また，物流業務の一部は，元請け業者から下請け業者に再委託される。そうした下請け関係において，荷主等の傘下の物流子会社が介在し，一定の役割を果たしている。特に，有力な物流子会社が存在する場合には，たとえ大手運送事業者であっても，そうした物流子会社を通じて荷主からの物流業務を受注することにな

る。さらに，下請け業者間の再々委託が行われることによって，下請けの多重（重層）構造が現れる。こうした運送事業者を取り巻く組織間関係に見られる重層的な下請け構造は，物流効率や物流品質の劣化，物流業務の条件の悪化あるいは下請け業者の経営の圧迫といったさまざまな問題を生み出す状況要因となっている。

　たとえば，運送事業者が特定の発荷主やその物流子会社に業務のかなりの部分を依存する場合，発荷主は運送事業者に対するパワー関係において優位に立ち，そして，必然的に発荷主の顧客である着荷主の意向に沿うような行動を強いられることになるであろう。また，小規模な運送事業者が業務の大半を下請けに依存する場合，営業コストや販売管理コストをかけずに仕事を安定的に元請け業者から確保できる反面，パワーの不均衡が常態化しやすく，運賃・料金の値下げ圧力によって厳しい経営を強いられることになる。下請け構造は，業務配分メカニズムとして機能し，業界秩序の維持に寄与する面もあるが，しかし，上下関係を固定化し，弱者の負担の上に成り立つという意味で，まさに両刃の剣となる。そうした下請け構造の歪は，さまざまな問題の発生源となっているのである。このように，運送事業者を取り巻く組織間関係，すなわち，荷主やその物流子会社との取引関係あるいは元請け業者との下請け関係において，さまざまな構造的問題が顕在化しており，今後，社会環境が大きく変化する中で，そうした問題に目を向けざるを得ない状況が差し迫っているといえよう。

　では，問題解決の糸口はどこにあるのか。現実の問題の多くは，組織間関係における一方的依存によるパワー格差や不確実性の増大による情報不足に由来すると考えられ，弱者側に過剰な負担を強いる関係が存在していることに原因があると思われる。したがって，運送事業者において，組織間の依存性とパワーの健全化を図ると同時に，コミュニケーションによる情報共有を促進することによって不確実性を削減するための積極的な取組が必要になる。そのための施策として，組織間関係論の知見を援用するならば，まず第一に，運送事業者自身の資源や能力の価値を高めることによって双方依存や

パワー優位を創出し，また，取引の相手先を多角化することによって，特定組織への一方的依存関係を解消し，パワー均衡状態を実現することが考えられる。さらに，アンケートの回答結果に表れているように，運送事業者と発・着荷主の三者間や，元請け事業者と下請け事業者あるいは同業の運送事業者間に，組織間コミュニケーションを推進するための仕組みをつくることも有効であろう。また，コミュニケーションの促進という点では，業界団体を通じた各種の研修会や勉強会の開催あるいは啓発活動の実施なども重要な役割を演じることになる。

　こうした施策は，組織が他組織との関係において，組織間調整戦略を展開することによって具体化される。組織間調整戦略には，緩衝戦略，自律戦略，協調戦略および政治戦略が含まれ，運送事業者はそれらの戦略を状況に応じて適用することができる。

　緩衝戦略は，組織と環境との間にバッファーを設けることであり，それによって当該組織と他組織の間の依存性を一時的に分離する。その結果，環境変化による影響を最小限に抑え，他組織の決定や行動に左右されることなく，当該組織の活動を安定的に展開することができる。たとえば，運送事業者は，需給変動に対する保険として，人員や車両に余裕を持たせることができる。また，料金設定を通じて取引の繁閑を調整し，物流量の平準化を図ることもできる。

　しかし，緩衝戦略は，短期的かつ受動的な環境適応方策であり，経営資源の効率的利用という点では必ずしも最適であるとは言えない。したがって，運送事業者は，自律戦略を選択することによって，自らの資源を蓄積し，その能力を活用して，積極的に環境を操作あるいは創造しようとする。たとえば，単にモノを運ぶだけの存在ではなく，独自の資源や能力を磨き上げることによって物流サービスの付加価値を高め，同業他社よりも高度なロジスティクス機能を提供することによって競争優位を獲得することができる。その結果，運送事業者は，特定の荷主や元請け業者への依存を回避し，そして，組織間のパワー関係は改善されることになる。また，取引の分散化・多角化

を図り，特定の取引先への過度な一方的依存を避けることは，組織間のパワー格差の解消につながるであろう。さらに，運送事業者は，常日頃から財務基盤や経営体質の強化に努め，組織の内部成長あるいは合併・買収による外部成長を推進し，その事業領域と規模を拡大することによって，他組織への依存性を吸収し，同時に不確実性を削減することができる。

　このように，自律戦略は，資源や能力あるいは取引に焦点をあて，それらのあり方を革新することによって，既存の組織間の依存性やパワー関係に変化をもたらす方策である。しかし，運送事業者が，独自に自律戦略を実行するには，それ相応の資源や能力の裏付けがなければならないため，特に小規模な事業者にとっては，そうした戦略の実現は容易ではないかもしれない。したがって，資源や能力の制約から自律戦略に訴えることができない場合，運送事業者は，顧客に対するパワーの不均衡を解消するために，協調戦略を選択することができる。協調戦略は，組織が暗黙的あるいは明示的に他組織と協力する方法であり，必然的に組織間のコミュニケーションを伴う。アンケートの回答結果では，情報交換の場を設け，改善例などの情報の収集・共有を促進して，相互協力により課題解決を図ることが，運送事業者だけでなく，荷主においても重視されていることが示されている。すなわち，両者の意見は，組織間コミュニケーションの推進という点では一致していると考えられる。そうした相互のコミュニケーションや人的交流は，提携，合弁あるいは合同といった協調戦略を展開するための基礎となる。

　運送事業者は，協調戦略を通じて，競争関係にある同業者間に水平的な連結を形成し，さらに，サプライチェーン上の発・着荷主との間に垂直的な連結を創出することによって，相互の依存性を深化させ，パワー関係の多面的な均衡化を図ることができる。たとえば，同業者間の水平的連結として，共同受注や共同輸送によるスケールメリットやバーゲニングパワーの獲得を目的として，運送事業者同士が業務提携する場合や協同事業組織を設立する場合などが考えられる。また，垂直的連結は，運送事業者が荷主との共同出資により物流子会社を設立し，物流業務の効率化と高度化を協力して推進する

ことなどを想定することができる。すでに，荷主側において，物流業務の集約と物流管理の一元化を押し進めるために物流子会社を設置している場合も見られるが，そうした物流子会社との戦略的提携を模索することも必要であろう。

　しかし，協調戦略は，両刃の剣である。協調戦略が進展することによって，組織間の連結はルースな状態からよりタイトな関係へと構造化される。安定的な構造に規定される組織の行動は予測可能であり，組織間の不確実性は削減されることになるが，その一方で，協調戦略によって，組織の自律性が失われると同時に，組織間のパワーの不均衡や格差が構造的に固定化される恐れもある。たとえば，下請け構造は，物流業務の秩序だった配分システムとして機能している側面があり，小規模な運送事業者が仕事を安定的に確保するために，あえて元請け業者の傘下に入ることによって成立すると考えるならば，それはまさに事業者の協調戦略の結果として形成されるものである。しかし，皮肉なことに，下請け構造に組み込まれた運送事業者は，パワーの不均衡が常態化する中で，過酷な取引条件を飲まざるを得なくなる場面も多いと考えられる。それは，もともと一方的依存の下でのパワー格差が存在することを前提とした組織間関係であり，下請け業者は営業等の取引コストを削減できる代償として，運賃等の値下げ圧力に常にさらされることになるからである。

　では，下請け運送事業者の立場を改善する方向として，どのようなことが考えられるか。それは，アンケートの回答結果にも示されているが，運送事業者の自助努力への期待に表れているように，運送事業者自身が資源や能力を蓄積し，その企業価値を高めることが選択肢としてあげられる。とはいえ，小規模な下請け運送事業者には，そのための余力は乏しい。したがって，荷主や元請け業者とのパワーの不均衡を是正するには，政治戦略に訴えることが必要になるであろう。運送事業者は，政治戦略を通じて，運輸行政による規制の強化あるいは緩和を政府等に働きかけることができる。そうした政治戦略において，個々の企業の政治力には限界があるため，業界挙げての取組

が必要になるであろう。しかし，当然ながら業界内でもさまざまな利害対立があるため，必ずしも事業者間で足並みが揃うとは限らず，また，規制等のあり方も時代の流れや偶発的な出来事などさまざまな要因が関わるため，時宜を得た政策が適用される保証はないのである。今後，規制緩和による市場競争を通じた適者生存という考え方に基づく経済の活性化と，規制強化による経済的弱者の保護を目的とした政府等による介入のバランスを図ることが必要になっており，物流業界の健全な発展に資する政策が望まれる。

このように，今日の運送事業者が抱える問題は多く，それを一朝一夕に解決することは困難である。少子高齢化，グローバル化あるいは情報化の進展による今後の社会の変化に適応するためには，運送事業者が自助努力により自ら質的転換を図ると同時に，荷主や同業者間のそれぞれの個別の利害を超えた相互の協調や共同を進めること，さらには行政や地域の利害関係者との協力が必要になるであろう。そのための第一歩として，解決が困難な問題ではあってもその糸口として，まずは当事者間のコミュニケーションを図ることが重要である。

今日の物流は，グローバル経済の進展とともに，その活動もより一層大規模化かつ複雑化している。その一方で，私たちの生活に直結するローカルな地域物流へのニーズにも的確に応えることが求められている。物流活動に携わる個々の主体としての運送事業者と荷主（発荷主および着荷主），さらに，それらの下請け会社や子会社は，それぞれの目的を達成する上で，依存関係にあり，そうした組織間の関係性をマネジメントすることが，相互の利益と業界全体の発展のために必要になる。

以上，本節では，企業の物流活動を取り巻く環境や運送業界の構造的特質について，組織間関係に関する理論的観点から，運送事業者の下請け構造や物流子会社に焦点をあて，その現況，利用の問題点と課題解決の方策をアンケート結果に基づいて検討した。物流は経済活動の基盤であり，物流活動の効率化や健全化は，私たちの社会の維持と発展に必要不可欠である。たとえて言えば，経済社会という身体は，物流という血流によって全身に栄養が行

き届くことで健康を保つことができるのであって，そのための血管の役割を担う運送事業者が劣化し，流れがどこかで滞り，詰まってしまえば，たちまちのうちに私たちの生活に支障をきたすことになる。したがって，ネット社会と言われる今日においてこそ，そうした社会はそれぞれの地域の物流の基礎があってはじめて成り立つということを再認識して，物流業界の諸問題の現状認識と課題改善の方向性の将来展望を描かなければならない。

注

1) 降旗武彦・岡本康雄・河合忠彦編『経営学小辞典』有斐閣，1981年，27頁・49頁・172-173頁。
2) 同上，88頁。
3) Galbraith, J.R., *Designing Complex Organizations*, Addison-Wesley, 1973, p. 5（梅津祐良訳『横断組織の設計』ダイヤモンド社，1980年，9-10頁。).
4) Levine, S. & White, P.E., "Exchange as a Conceptual Framework for the Study of Interorganizational Relationships," *Administrative Science Quarterly*, Vol. 5, No. 4, 1961, p. 597.
5) 山倉健嗣『組織間関係』有斐閣，1993年，22-23頁。
6) 同上，33-62頁。
7) Collis, D & C.A. Montgomery, "Competing on Resources：Strategy in the 1990s," *Harvard Business Review*, Vol. 73, No. 4（July-August), 1995, pp. 120-124.
8) McCann, J.E. & D.L. Ferry, "An Approach for Assessing and Managing Inter-Unit Interdependence," *Academy of Management Review*, Vol. 4, No. 1, 1979, pp. 114-115.
9) Ibid., p. 113.
10) 桑田耕太郎・田尾雅夫『組織論』有斐閣，1998年，250頁。
11) Galbraith, op.cit, p. 5，邦訳，9-10頁。
12) 山倉健嗣，前掲書，89-127頁；岸田民樹『経営組織と環境適応』三嶺書房，1985年，209-218頁；Scott, W.R., Organizations：Rational, Natural, and Open Systems, Prentice Hall, 1981, pp. 188-203.
13) 山倉健嗣，前掲書，137-145頁。
14) 物流子会社とは，荷主設置の物流子会社（荷主の立場）および運送会社設置の子会社（元請けの立場）の両方を対象とする。
15) 組織間コミュニケーションの意味については，山倉健嗣，前掲書，71-75頁を参照されたい。

参考文献

- Collis, D & C.A. Montgomery, "Competing on Resources: Strategy in the 1990s," *Harvard Business Review*, Vol. 73, No. 4 (July-August), 1995, pp. 118-128.
- 花房陵『Keywordでマスター「物流」のしくみ』すばる舎，2001年。
- 降旗武彦・岡本康雄・河合忠彦編『経営学小辞典』有斐閣，1981年。
- Galbraith, J.R., *Designing Complex Organizations*, Addison-Wesley, 1973（梅津祐良訳『横断組織の設計』ダイヤモンド社，1980年。）.
- Grant, R.M., "The Resource-Based Theory of Competitive Advantage: Implications for Strategy Formulation," *California Management Review*, Vol. 33, No. 3, 1991, pp. 114-135.
- カーゴニュース編『現代のトラック産業』成山堂書店，1998年。
- 岸田民樹『経営組織と環境適応』三嶺書房，1985年。
- 岸田民樹・田中政光『経営学説史』有斐閣，2009年。
- 桑田耕太郎・田尾雅夫『組織論』有斐閣，1998年。
- Levine, S. & White, P.E., "Exchange as a Conceptual Framework for the Study of Interorganizational Relationships," *Administrative Science Quarterly*, Vol. 5, No. 4, 1961, pp. 583-601.
- McCann, J.E. & D.L. Ferry, "An Approach for Assessing and Managing Inter-Unit Interdependence," *Academy of Management Review*, Vol. 4, No. 1, 1979, pp. 113-119.
- 忍田和良『日本のロジスティクス』中央経済社，2002年。
- 忍田和良・土井義夫編著『地域物流市場の動向と展望』成文堂，2013年。
- Scott, W.R., Organizations: Rational, Natural, and Open Systems, Prentice Hall, 1981.
- 山倉健嗣『組織間関係』有斐閣，1993年。
- 山倉健嗣・岸田民樹・田中政光『現代経営キーワード』有斐閣，2001年。

第二部　物流活動と商慣行の分析

はじめに

　地域物流市場においては，地域や業界ごとの商慣行をベースに物流活動が行われているが，効率化を阻害しているとされながらも，長きにわたる検討が続けられている。背景には現状の物流サービスを提供する取引条件を支えてきた長年の商慣行の存在がある。長年継続してきた商慣行を基に，輸送サービスに対する費用計算，発・着荷主間で結ばれる取引関係，および着荷主との関係で形成され，物流活動は展開する。

　第4章は，トラック運送事業者の費用計算に関しては，業界独特の事情により，適正な運賃の把握・設定・要求が必ずしも円滑には行われていない。そこで，2015年調査対象地域におけるトラック運送事業者の費用計算について，その実態と問題点を明らかにし，解決策を模索する。

　第5章は，発・着荷主間で結ばれる取引関係は，継続されることにより商慣行として形成されてきた。店舗への納品は，その商慣行として代表的なものである。しかし，着荷主側から物流サービスへ過度な要求が存在するため，さまざまな課題が残されたままになっている。その課題を解決するために，商慣行の現状を，対象を地域物流市場に限定し，従来あまり顧みられなかった荷主の意向に着目する。

　第6章は，物流効率化に関する着荷主への期待について検討する。物流効率化を推進するうえで，物流事業者や発荷主による取り組みのみならず，着荷主の協力が不可欠と考えられ，着荷主の現状から今後のあり方について分

析を進める。

第4章 輸送サービスの費用分析

第1節　研究の背景と目的

　運送事業者が適正な運賃を把握・設定するために行う業界特有の計算を，一般に，費用計算（原価計算），運送原価計算などと称している。本研究は，この費用計算について，その意義を述べ，現行の算出方法を概説した上で，2015年（平成27年）に岐阜県内の運送事業者を対象として実施された実態調査の結果が全国的な傾向を示しているとの前提に立って，問題点を探り，その解決策を模索したものである。

　運送業界にあっては，積載品目および量，輸送先などの運賃料金を構成する要素が日々異なることから，運賃が確定しないまま，とりあえず運ぶという「とりあえず運賃」が少なからずみられる（忍田・土井. 2013. 53）。また，帰り荷の確保，下請運送事業者（傭車）の利用など，勘と経験が物をいう業界独特の業務もある。運送事業者の費用計算に関しては，有用な算出方法・活用方法等の開発，普及が，他の業界や業種のそれと比較して，遅れている感があるが，特に中小運送事業者については，このような事情が適正な運賃の把握・設定を困難にし，荷主との交渉の場で，ともすれば，荷主のいいなり，あるいは経験値によって運賃が決定されるという事態を招いているのではないかと思われる。

　本研究は，運送事業者の費用計算に関して，新たな算出方法・活用方法等

を考究，提案することを企図したものではない。しかし，真に運送事業者に貢献する費用計算の方法を開発し，その普及を図るためには，様々な見地から，これにかかわる考察を行い，議論を重ねることも有益であると考える。

第2節　費用計算の意義と運送原価算出表

　企業会計は，その目的，会計情報利用者などの違いにより財務会計と管理会計に分類される。運送業界にあっては，財務会計の領域で「運送原価報告書」，管理会計の領域で「運送原価算出表（計算書）」と呼ばれる特有の計算書が作成される。

　前者の運送原価報告書は，損益計算書中に合計額で記載されている当期製品製造（運送）原価の内訳を表すものとして別途作成される報告書で，いわゆる「製造原価報告書」の一形態である。運送原価報告書は，貸借対照表・損益計算書等とともに，財務諸表分析に有用なデータを提供する。

　これに対して，後者の運送原価算出表は，コスト削減や運賃水準の評価といった課題について具体的な対応策を検討するために，通常，期間を1ヵ月，単位を1台当たりとして運送原価を算出・把握するものである。運送業界においては，「費用計算」あるいは「原価計算」といえば，この運送原価算出表にかかわる計算を指すことが多く，これを基礎として，「1日当たり運送原価」，「1運行当たり運送原価」，「輸送1トン当たり運送原価」，「走行1キロメートル当たり運送原価」などが算定されている。

　日野自動車㈱・コンサルティングセールスチーム（2003）は，運送原価算出表を「経営の羅針盤」と称え，運送原価算出・把握の目的を以下の6つにまとめている[1]。

　①「荷主企業との運賃・料金交渉」を対等な立場で行う。
　②「車両別の採算」の把握を行う。
　③「運行ごとの損益」を把握する。

④「運送原価の構成」を把握する。
⑤「従業員の原価意識」を向上させる。
⑥「運送原価から問題点・改善点」を把握する。

また，国土交通省（以下，「国交省」）自動車局貨物課と公益社団法人全日本トラック協会（以下，「全ト協」）が2011年9月に公表した『トラック輸送の実態に関する調査　調査報告書』（以下，「2011年調査」）によれば[2]，トラック運送事

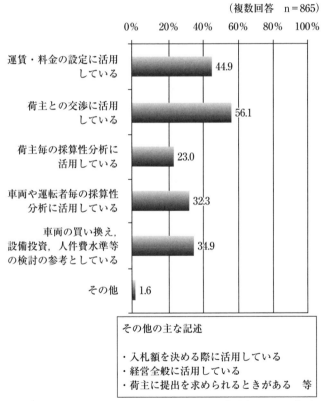

※回答対象となる事業者のうち，無回答1,201事業者を除いて集計している
（出所）国交省自動車局貨物課・全ト協．2011．p.39
図 4-1　費用計算の結果の活用方法

業界の実務において，費用計算の結果は，**図 4-1** に示すように，「荷主との交渉」，「運賃・料金の設定」，「車両の買い換え，設備投資，人件費水準等の検討」などの局面で活用されている[3]。

第 3 節　運送原価算出表の一般的な様式

運送原価算出表の一般的な様式は，**図 4-2** のようなものである。管理会計の領域で作成される計算書であるため，用語・様式・作成方法等にかかわる公の定めは特になく，実務にあっては種々の様式が採用されているが，その基本形は，古くから，トラックを運行する際に質的にも量的にも重要性の高い 3 つの費用，すなわち 1) 車両費，2) 人件費，3) 燃料油脂費，修理費，タイヤ・チューブ費のいわゆる運行三費が独立表示され，その把握が容易なものである。なお，より詳細な運送原価算出表にあっては，**図 4-2** の一般的な様式中の自動車関連諸税は，自動車税・自動車重量税等に，法定福利費は，健康保険料・厚生年金保険料・雇用保険料等に細分されることが多い。

運送原価計算出表を記載する際には，車両管理台帳，車検証，保険証書，契約ガソリンスタンド等からの請求書，運転日報，賃金台帳などが基礎資料とされるが，当該算出表は，条件・基準値等の設定しだいで，その内容が変わるものである。それゆえ，例えば，減価償却費の算定については，計算対象車両の実際の使用月数（実使用月数）や購入金利などを，また，燃料費の算定については，月間走行距離や車両平均燃料消費率（燃費）などをあらかじめ算出し，これらの数値を前提条件とする必要がある。このような事情から，運送原価計算出表の記載にあたっては，しばしば，事前に，前提条件を整理し，一覧とした「条件表（条件設定シート）」が作成される。

第4章　輸送サービスの費用分析

	月額（円）	％
Ⅰ．営業費用	《　　　》	《　　》
(1) 運送費	【　　　】	【　　】
①車両費	（　　　）	（　　）
1) 減価償却費	円	％
2) 自動車関連諸税	円	％
リース料	円	％
②保険料	（　　　）	
3) 自賠責保険	円	％
任意保険等	円	％
③燃料油脂費	（　　　）	
4) 燃料費	円	％
5) 油脂費	円	％
④修繕費	（　　　）	
6) 車検整備費	円	％
7) 一般修理費	円	％
8) タイヤ・チューブ費	円	％
⑤人件費	（　　　）	
9) 給与	円	％
10) 賞与（月額）	円	％
11) 法定福利費	円	％
退職金，その他	円	％
⑥その他	（　　　）	
12) 車庫等の施設費	円	％
13) その他の運送費	円	％
(2) 一般管理費	【　　　】	【　　】
14) 人件費	円	％
15) その他	円	％
Ⅱ．営業外費用	《　　　》	《　　》
合　計		100％

（出所）全ト協．2010．p.40

図 4-2　運送原価算出表の一般的な様式

第4節　費用計算の現況

　2015年調査にあっては，運送事業者と荷主の双方の費用計算に関して，その現況，課題，方策を尋ねる設問が設けられていた。本節では，費用計算の現況を尋ねる設問の集計結果を示し，これについての考察を行う。集計結果は，**表4-1**のようなものであった。

表 4-1　費用計算の現況

事業者			規模別				
現況（煩雑性，説得性を考慮して） （複数選択可）	MA	率	31台以上	30〜11	10台以下	不明	総計
①一部の顧客（荷主企業）に対しては輸送サービスに対する原価を提示している	52	38.5%	14	24	13	1	52
②費用については，荷主企業が関心を示していない	51	37.8%	18	15	15	3	51
③自社では，運送に要する費用を調査，検討するだけの十分な余裕（時間，組織等）がない	27	20.0%	4	15	7	1	27
④その他	15	11.1%	5	3	7	0	15
無記入	7	5.2%	1	4	0	2	7
回答数	135						
荷主							
現況（煩雑性，説得性を考慮して） （複数選択可）	MA	率	301人以上	300〜21	20人以下	不明	総計
①一部の顧客（発荷主にとっては着荷主）に対しては輸送サービスに対する費用を提示している	77	44.3%	8	51	16	2	77
②費用については顧客（着荷主）が全く関心を示していない	44	25.3%	7	25	9	3	44
③自社では，運送に要する費用を調査，検討するだけの充分な余裕（時間，組織等）がない	34	19.5%	5	17	10	2	34
④その他	16	9.2%	4	7	3	2	16
無記入	20	11.5%	3	3	7	7	20
回答数	174						

運送事業者の側は，選択肢「一部の顧客（荷主企業）に対しては輸送サービスに対する原価を提示している」が第1順位（38.5％）であり，これに呼応するかのように，荷主の側も，選択肢「一部の顧客（発荷主にとっては着荷主）に対しては輸送サービスに対する費用を提示している」が第1順位（44.3％）となっている。実務の世界において，費用計算が少なからぬ割合で実施され，その活用が図られていることがわかる。後述するように，国交省と全ト協は，長年にわたり，費用計算の普及・活用を図る施策を積極的にすすめてきた。当該結果は，その成果と言えなくもない。

しかし，一方で，運送事業者，荷主ともに相当数の者（運送事業者：27事業者，20.0％，荷主：34事業者，19.5％）が，「自社では，運送に要する費用を調査，検討するだけの十分な余裕（時間，組織等）がない」との選択肢を選択し，これに関しては，緩やかながら，企業規模との相関も見られる。一般に，費用計算は，直接，利益に結びつかない。このため，財政的な裏付けのある時間的，組織的余裕を有する事業者のみが，費用計算を実施し，その活用を図っているという実状にあると考えられる。

このような状況の下で，荷主の側にあっては，選択肢「費用については顧客（着荷主）が全く関心を示していない」の選択割合も比較的高く（25.3％），当該理由により，荷主が運送事業者の提示した運賃（輸送サービスに対する原価）が適正なものか否かを検討する姿勢を示さず，このことが，運送事業者の側に，多くの事業者（51事業者，37.8％）が「費用については，荷主企業が関心を示していない」との選択肢を選ぶという結果をもたらしているように思われる。すなわち，運送事業者と荷主の間に，いわゆる負の連鎖が，特に企業規模に関係なく，生じていると推測されるのである。

第5節　費用計算の課題

次に，表4-2は，運送事業者と荷主の双方に費用計算の課題を尋ねた設問の集計結果を示したものである。

表 4-2 費用計算の課題

事業者			規模別				
課題（原価計算，利潤算出）（複数選択可）	MA	率	31台以上	30～11	10台以下	不明	総計
①自社の業務量（サービス）の把握ができていない	6	4.4%	2	4	0	0	6
②時間や人員等に余裕が無く，費用を計算することが困難	25	18.5%	3	15	7	0	25
③効果的な計算方法がわからない	33	24.4%	7	12	11	3	33
④費用を計算し提示するも，荷主企業に検討してもらえない	58	43.0%	22	22	13	1	58
⑤費用計算の主要な要素である減価償却費に疑念があり，車両等の法定耐用年数を真にその性能を反映するものへと改める必要がある	26	19.3%	7	12	6	1	26
⑥その他	17	12.6%	6	6	4	1	17
無記入	14	10.4%	1	7	4	2	14
回答数	135						
荷主							
課題（サービス測定，費用計算）（複数選択可）	MA	率	301人以上	300～21	20人以下	不明	総計
①運送事業者の業務量（サービス量）の把握ができていない	70	40.2%	9	41	16	4	70
②時間や人員等に余裕が無く，サービス把握，費用の計算を行うことが困難	41	23.6%	1	29	10	1	41
③身近な実施例を見出すことができていない	24	13.8%	3	17	2	2	24
④業者からサービス把握，費用を計算する方法の提示がない	35	20.1%	7	22	4	2	35
⑤費用計算の主要な要素である減価償却費に疑念があり，車両等の法定耐用年数を真にその性能を反映するものへと改める必要がある	6	3.4%	1	3	2	0	6
⑥その他	18	10.3%	5	8	3	2	18
無記入	28	16.1%	3	9	9	7	28
回答数	174						

運送事業者に関しては，第1順位の選択肢が「費用を計算し提示するも，荷主企業に検討してもらえない」(43.0%)，第2順位のそれが「効果的な計算方法がわからない」(24.4%) である。第2順位選択肢については，緩やかな規模の相関が見られる。

第1順位選択肢については，当該選択肢と荷主の側の選択肢「運送事業者の業務量 (サービス量) の把握ができていない」は対をなすものであり，これが荷主の側で第1順位であるがゆえに，運送事業者の側で当該選択肢が第1順位となっていると解釈することができる。換言すれば，運送事業者側の「荷主企業に検討してもらえない」との不満の声に，荷主側が「運送事業者の業務量 (サービス量) の把握ができていない」以上，検討することができないとする消極的な態度を堅持し，両者が対峙したまま膠着状態に陥っているとの推論が可能である。

次に，選択肢「効果的な計算方法がわからない」が第2順位である背景には，現行の費用計算が，ひろく社会の支持を得て，受け入れられるには，あまりにも難解かつ不完全なため，実務の世界で期待された効果を発揮していないという事情が存すると推測されるが，これに関しては，帰り荷の確保，下請運送事業者の利用などの業界独特の業務をどのように費用計算に反映させるかという問題の他に，減価償却費にかかわる疑念があるように思われる。

すなわち，第3節で示した費用計算の一般的な様式 (図4-2) において真っ先に表示されていることからもわかるように，車両費中の減価償却費は，費用計算にあって質，量ともにきわめて重要な要素である。それにもかかわらず，財務会計においは，実務の世界で中・大型トラック (普通車) が平均14.87年，2トン以下トラック (小型車) が平均11.92年間使用され[4]，東南アジアの国々では使用年数20年以上の日本からの輸出車両がなお使用され続けているともいわれるトラックの耐用年数を，一般に，国税庁の法定耐用年数表 (「減価償却資産の耐用年数等に関する省令」) にもとづき，中・大型トラック4年，2トン以下トラック3年として減価償却計算を行う。しかも，わが国の大半の法人は，当初の償却額が多額となる定率法を選択して減価償却費を算定してい

る。これに対して，費用計算にあっては，トラックの耐用年数ついては，その使用実態をふまえて，1)車両代替時期の走行距離を推定して設定された耐用年数，2)実績耐用年数と法定耐用年数を平均した耐用年数などが用いられ，償却方法についても，毎年の償却額に差が出ない定額法が選択されることがある。

当然，当該相違は，財務会計上の利益と費用計算上の利益に相応の乖離を導くため，現行の減価償却費計算が適正であるのか，また仮に適正であるとした場合には，これを，経理の専門家でない運送事業者，発荷主，さらには着荷主にどのように説明し，妥当なものとして受け入れてもらうのかを検討する必要がある。

かなりの数の運送事業者が，現行の減価償却費計算に疑念を抱いており，運送事業者の側で，選択肢「費用計算の主要な要素である減価償却費に疑念があり，車両等の法定耐用年数を真にその性能を反映するものへと改める必要がある」は，僅差ながら第3順位(19.3%)である。

一方，荷主に関しては，第1順位選択肢「運送事業者の業務量(サービス量)の把握ができていない」(40.2%)，第2順位選択肢「時間や人員等に余裕が無く，サービス把握，費用の計算を行うことが困難」(23.6%)，第3順位選択肢「業者からサービス把握，費用を計算する方法の提示がない」(20.1%)という結果である。

選択肢「運送事業者の業務量(サービス量)の把握ができていない」が第1順位との結果は，前述したとおり，運送事業者と荷主が対峙したまま膠着状態に陥っているという推論を導くものである。

第2順位選択肢「時間や人員等に余裕が無く，サービス把握，費用の計算を行うことが困難」に関しては，運送事業者の側でも，相当数の者(25事業者，18.5%)が選択肢「時間や人員等に余裕が無く，費用を計算することが困難」を選択しており，両者ともに規模の相関も見られる。中小運送事業者および荷主に共通する課題と判断してよい。

選択肢「業者からサービス把握，費用を計算する方法の提示がない」が第

3順位という結果については，前掲**表 4-1** で，少なからぬ運送事業者（27事業者，20.0%）が「自社では，運送に要する費用を調査，検討するだけの十分な余裕（時間，組織等）がない」と回答している現況を受けて導かれたものと判断してさしつかえないように思われる。

第6節　費用計算の方策

運送事業者と荷主の双方に費用計算にかかわる現状を改善するための方策を尋ねた設問の集計結果は，**表 4-3** のようなものであった。

運送事業者の側は，選択肢「契約更改時に荷主に対し繰り返し具体例を提示するとともに，これらを着実に重ねる」（第1順位，50事業者，37.0%），選択肢「改善困難な一部の顧客（着荷主）については，検討体制を整備し，少しでも実効を求める」（第2順位，40事業者，29.6%）および選択肢「輸送サービスに関する費用の効果的な計算方法を学習し習得する」（第3順位，30事業者，28.9%）を選んだ者が多い。また，選択肢「行政，関連協会等による講習会を開催し，実効性のある方法を示す」の選択率が21.5%，選択肢「身近な具体的好事例を関連協会や行政等が示す」の選択率が17.0%と，行政・関連協会等に期待をよせる者も少なくない。

第1順位選択肢「契約更改時に荷主に対し繰り返し具体例を提示するとともに，これらを着実に重ねる」ならびに第2順位選択肢「改善困難な一部の顧客（着荷主）については，検討体制を整備し，少しでも実効を求める」に関しては，規模の逆相関が見られ，相当数の大規模運送事業者がこれらの選択肢を選択している。また，行政・関連協会等に期待をよせる選択肢に関しては，特に規模の相関は見られなかった。

2015年調査における費用計算の現況（**表 4-1**）にかかわる集計結果は，規模が小さな運送事業者ほど時間的，組織的余裕がなく費用計算を実施していないという傾向を導くものであったが，第2節でふれた2011年調査は，**図 4-3** に示すように，この傾向を，かなり鮮明に導いている。

表 4-3 費用計算にかかわる現状を改善するための方策

事業者			規模別				
方策（実施例収集，広報，講習等） （複数選択可）	MA	率	31台以上	30〜11	10台以下	不明	総計
①輸送サービスに関する費用の効果的な計算方法を学習し習得する	39	28.9%	8	21	8	2	39
②契約更改時等に荷主に対し繰り返し具体例を提示するとともに，これらを着実に重ねる	50	37.0%	20	20	9	1	50
③改善困難な一部の顧客（着荷主）については，検討体制を整備し，少しでも実効を求める	40	29.6%	17	15	7	1	40
④身近な具体的好事例を関連協会や行政等が示す	23	17.0%	3	12	7	1	23
⑤行政，関連協会等による講習会を開催し，実効性のある方法を示す	29	21.5%	6	13	8	2	29
⑥その他	7	5.2%	3	0	4	0	7
無記入	11	8.1%	1	5	3	2	11
回答数	135						
荷主							
方策（実施例収集，広報，講習等） （複数選択可）	MA	率	301人以上	300〜21	20人以下	不明	総計
①輸送サービスに関する費用の効果的な計算方法を学習し習得する	40	23.0%	6	22	9	3	40
②契約更改時等に運送事業者から具体例を提示するとともに，これらを着実に重ねる	60	34.5%	10	34	12	4	60
③改善困難な一部の顧客（着荷主）については，検討体制を整備し，少しでも実効を求める	31	17.8%	4	18	6	3	31
④身近な具体的好事例を関連協会や行政等が示す	33	19.0%	4	24	5	0	33
⑤行政，関連協会等による講習会を開催し，実効性のある方法を示す	14	8.0%	2	10	2	0	14
⑥その他	11	6.3%	4	5	2	0	11
無記入	27	15.5%	3	9	8	7	27
回答数	174						

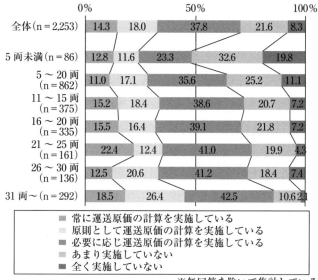

※無回答を除いて集計している

（出所）国交省自動車局貨物課・全ト協．2011．p.38 より作成
図 4-3 トラック運送業界の費用計算の実施状況

したがって，表 4-3 の運送事業者側の集計結果については，費用計算の実施率が高く，具体例を数値で提示可能な大規模運送事業者が第 1 順位選択肢「契約更改時に荷主に対し繰り返し具体例を提示するとともに，これらを着実に重ねる」を選択する割合が高いという帰結は当然であるとの素直な解釈の他に，現行の費用計算が不完全で，ここから導かれる値に社会的な説得力が乏しいがゆえに交渉あるいは話し合いの比重，さらには行政・関連協会等への期待が増すことを現に費用計算を実施している運送事業者が痛感しているとの推測ができなくもない。

他方，荷主の側は，選択肢「契約更改時等に運送事業者から具体例を提示するとともに，これらを着実に重ねる」が第 1 順位（60 事業者，34.5%）である。第 2 順位は，選択肢「輸送サービスに関する費用の効果的な計算方法を学習し習得する」（40 事業者，23.0%）であるものの，以下は，選択肢「身近な

具体的好事例を関連協会や行政等が示す」が第3順位（33事業者，19.0％），選択肢「改善困難な一部の顧客（着荷主）については，検討体制を整備し，少しでも実効を求める」が第4順位（31事業者，17.8％）である。このように，交渉あるいは話し合いの重要性，行政・関連協会等への期待をよせる選択肢を選択した者は相当数に上り，当該傾向は運送事業者のみならず荷主の側にもみられると判断してよいように思われる。

第7節　費用計算活用の効果とその限界

　2011年調査においては，前節図4-3でその結果を示した費用計算の実施状況を問う設問の他に，この設問で選択肢「常に運送原価の計算を実施している」または「原則として運送原価の計算を実施している」を選択した事業者を対象として，「原価計算を行うことによって原価を超える運賃を収受できているか」を問う設問が設けられていた。

　当該設問は，費用計算の活用の効果を問うものであり，その集計結果（図4-4）からは，「『原価を超える運賃を収受できている』とする事業者（『収受できている』＋『概ね収受できている』と回答した事業者）は全体の6割強と，原価計算を行った場合の運賃の収受状況は，相対的に良い」との推論を導くことが可能であった。そして，この推論は，「車両台数別による顕著な相関」を示すものでもなかった（全ト協．2012. 5）。

　行政の側は，トラック適正取引パートナーシップ会議の場や[5]，国交省が2015年（平成27年）3月に公表した『平成26年度　政策レビュー結果（評価書）貨物自動車運送のあり方』などにおいて，上記図4-4を参考資料として引用し，トラック運送市場に対する一連の規制緩和後の厳しい環境の下で運送事業者が生き残るためには，効果的な費用計算を実施し，その結果を荷主との運賃交渉の場で活用することこそが重要であると説いている。

　また，全ト協，さらには各地の都道府県トラック協会も，かねてより，「営業担当者が荷主と契約する場面で，自社の運送原価を知らないまま交渉する

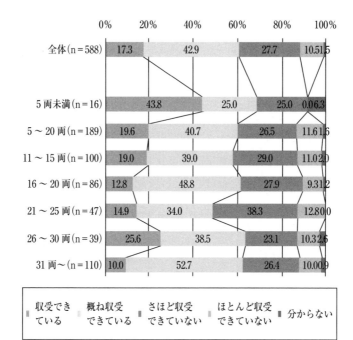

(出所) 国交省自動車局貨物課・全ト協. 2011. p.40 より作成
図 4-4 費用計算活用の効果

ことは，非常に危険なことである」という認識の下（全ト協. 2010. 5），会員である運送事業者，特に零細，中小規模事業者に対して，費用計算にかかわる講習の場を積極的に提供してきた。

　以上のように，行政や全ト協は，規制緩和後の運賃・料金水準の低下，抑制への対応策の1つとして，費用計算を実施し，その結果を活用する方策を積極的に推し進めてきた。この立場からは，2015 年調査の結果は，現行の費用計算が難解かつ不完全であるという事情を背景として，運送事業者と荷主が，**表 4-1** にあっては負の連鎖，また，**表 4-2** にあっては膠着状態とも解されるような関係，さらに，**表 4-3** にあっては費用計算よりも交渉そのものを重視する，あるいは関連協会・行政等に頼るという傾向を示しており，決して好ましいものではない。

付言すれば，当該施策は，荷主が運送事業者の費用計算を理解できることを前提としているが，**表4-2**における選択肢「費用計算の主要な要素である減価償却費に疑念があり，車両等の法定耐用年数を真にその性能を反映するものへと改める必要がある」に対する運送事業者と荷主の温度差からもわかるように，一般論として，いわゆる畑違いの荷主が，帰り荷の確保，下請運送事業者の利用といったトラック運送業界独特の業務・慣行等の影響をも考慮して現行の難解，不完全な費用計算を分析し，運送事業者の提示した運賃が適正か否かを判断することは難しく，荷主の側に当該能力を求めること自体に無理があるようにも思われる。

また，2015年調査（**表4-1**)，さらには2011年調査（**図4-3**)においてより鮮明に示されている規模が小さな事業者ほど費用計算を実施していないという傾向の背景には，業界の約9割が経営資源に乏しい中小企業で占められ，その大半が厳しい経営環境に置かれているという現実があり（全ト協．2014. 46），当該事情から費用計算が困難な事業者に対して，その実施を推奨することは，'鶏が先か，卵が先か'の議論を彷彿させなくもない。

すなわち，荷主および中小運送事業者の側に立った場合，2015年調査の結果は，費用計算を実施，活用するという施策そのものの限界を示唆しているとも解することができるのである。

第8節　改善策の提起

1990年（平成2年）にはじまる一連の規制緩和，いわゆる自由化から四半世紀以上の時を経た今日，未だに，真に運送事業者，さらには荷主に貢献する費用計算の方法は開発されていない。また，近い将来，画期的な方法が開発され，普及するという保証は，どこにもない。それゆえ，従来，行政と全ト協が推奨してきた費用計算を実施し，その結果を活用する方策については，現状を改善するために，何らかの追加，補完策を講じる必要があるように思われる。

そこで，時流に逆らうとの批判を恐れず，補完策の一つとして，かつての認可運賃制度にならった最低運賃制度を中小運送事業者に限定して導入することを提言したい。具体的には，認可運賃制の時代においては，運輸省あるいは国交省が，鉛筆と算盤（電卓）を用いて集計された膨大な運行実態にかかわるデータにもとづいて，図4-5に示すような料金表（タリフ）を作成・公表していたが，これに，1）地域ごとの人件費・物価等の格差を織り込む，2）帰り荷がある場合とない場合の区分をする，などの改善を加えた各地域別の最低運賃料金表を，国交省と経済産業省（以下，「経産省」）とが連携して作成・公表し，元請け運送事業者を含む荷主と，運送事業者の双方に遵守させるのである。

かつての認可運賃制度の下では，認可運賃が復路は空車で戻っても採算が合うよう計算された運賃であったため，帰り荷の運賃分の値引きを前提とした運賃交渉が常態化した。また，国交省（運輸省）と経産省（通商産業省）の連携がなかったため，運送事業者と荷主の双方を十分に規制，指導することができなかった。提示した案は，このような過去の経験をふまえたものではあるが，中小運送事業者の範囲，国交省と経産省の連携の仕方，行政指導のあり方など，さらに検討すべき課題も多いものと思われる。しかし，行政が後ろ盾となって全国規模で集計されたデータから導かれる料金表には，現在もなお，運賃交渉の現場で，平成11年の基準運賃（最終の料金表，図4-5），平成2年認可運賃などが基礎資料あるいは叩き台として重宝されていることからも明らかなように，いわゆる行政のお墨付きとしての社会的信用力，説得力が存する。したがって，このような補完策も一考の余地があるのではないだろうか。

第9節　今後の方向性

本稿が提言した改善案は，先にふれたように規制緩和，制度改革という時流に逆行するものである。内閣府政策統括官（経済財政分析担当）による分析

第二部 物流活動と商慣行の分析

I 車扱運賃料金
I 距離制運賃率

(単位：円)

キロ程	車種別	1トン車まで	2トン車まで	3トン車まで	4トン車まで	5トン車まで	6トン車まで	8トン車まで	10トン車まで	12トン車まで	14トン車まで	14トン車をこえ2トン車を増す車種ごとに
10 km まで		5,710	8,110	9,650	10,990	12,400	13,750					2,380
20 〃		9,400	12,370	13,570	14,770	16,030	17,280	19,730	22,150	23,260	25,630	2,750
30 〃		12,840	14,560	15,950	17,180	19,000	20,480	23,380	26,210	27,050	29,800	3,110
40 〃		14,900	16,700	18,180	19,600	21,650	23,530	26,830	29,900	30,840	33,950	3,470
50 〃		17,140	18,860	20,410	22,010	24,360	26,540	30,180	33,560	34,620	38,100	3,720
60 〃		19,150	21,020	22,620	24,410	27,020	29,580	33,480	37,250	38,410	42,130	4,010
70 〃		21,020	23,180	24,840	26,800	29,690	32,570	36,800	40,920	42,170	46,160	4,270
80 〃		22,900	25,340	27,050	29,220	32,340	35,520	40,080	44,580	45,980	50,260	4,490
90 〃		24,790	27,440	29,280	31,630	35,030	38,440	43,390	48,240	49,760	54,250	4,700
100 〃		26,740	29,580	31,540	34,040	37,670	41,350	46,720	51,900	53,540	58,250	4,940
110 〃		27,880	30,860	32,880	35,540	39,350	43,160	48,760	54,180	55,910	60,850	5,160
120 〃		29,040	32,140	34,260	37,020	41,000	44,940	50,800	56,480	58,270	63,430	5,390
130 〃		30,220	33,430	35,640	38,540	42,640	46,740	52,850	58,780	60,640	66,020	5,630
140 〃		31,380	34,700	37,010	40,030	44,320	48,550	54,910	61,040	62,980	68,600	5,880
150 〃		32,520	35,990	38,480	41,520	45,970	50,320	56,980	63,320	65,340	71,220	6,100
160 〃		33,680	37,260	39,760	43,030	47,630	52,120	59,030	65,620	67,690	73,790	6,350
170 〃		34,850	38,560	41,120	44,510	49,280	53,920	61,070	67,880	70,040	76,390	6,560
180 〃		36,010	39,830	42,490	46,010	50,930	55,730	63,120	70,160	72,400	78,960	6,830
190 〃		37,160	41,100	43,870	47,520	52,580	57,490	65,170	72,480	74,770	81,600	7,080
200 〃		38,330	42,380	45,240	49,000	54,250	59,290	67,220	74,750	77,140	84,220	
200 km をこえ500 km までを20 km までを増すごとに		2,060	2,280	2,450	2,630	2,890	3,200	3,590	4,020	4,140	4,690	550
500 km をこえ50 km までを増すごとに		5,150	5,710	6,080	6,560	7,270	7,980	9,010	10,020	10,340	11,740	1,390

第4章 輸送サービスの費用分析 129

Ⅱ 時間制運賃率

(単位:円)

車種別		1トン車まで	2トン車まで	3トン車まで	4トン車まで	5トン車まで	6トン車まで	8トン車まで	10トン車まで	12トン車まで	14トン車まで	14トンをこえ2トンを増す車種ごとに
基礎額	8時間制 基礎走行キロ 3トン車まで80キロメートル 3トン車をこえるもの100キロメートル	25,420	28,080	30,130	33,280	35,740	38,540	43,340	47,380	51,800	56,240	4,440
	4時間制 基礎走行キロ 3トン車まで40キロメートル 3トン車をこえるもの50キロメートル	14,870	16,480	18,070	19,260	20,870	22,480	25,300	27,710	30,120	32,530	2,410
加算額	基礎走行キロを超える場合は、10キロメートルまでを増すごとに基礎作業時間を超える場合は、1時間を増すごとに	370	430	440	490	530	550	620	700	780	830	50
	(4時間制の場合であって、午前から午後にわたる場合は、正午から起算した時間により加算額を計算します)	2,510	2,770	3,040	3,240	3,550	3,920	4,340	4,840	5,090	5,540	460

Ⅲ 諸料金

1 車両留置料

(単位:円)

車種別	1トン車まで	2トン車まで	3トン車まで	4トン車まで	5トン車まで	6トン車まで	8トン車まで	10トン車まで	12トン車まで	14トン車まで	14トンをこえ2トンを増す車種ごとに
時間 30分までごとに	1,230	1,360	1,460	1,560	1,710	1,880	2,140	2,360	2,460	2,660	200

2 地区割増料

(単位:円)

車種別 地域	1トン車まで	2トン車まで	3トン車まで	4トン車まで	5トン車まで	6トン車まで	8トン車まで	10トン車まで	12トン車まで	14トン車まで	14トンをこえ2トンを増す車種ごとに
東京都特別区 大阪市	870	980	980	1,040	1,140	1,240	1,330	1,450	1,530	1,680	150
札幌市、仙台市、千葉市、船橋市、川崎市、横浜市、相模原市、浜松市、名古屋市、京都市、東大阪市、堺市、尼崎市、神戸市、岡山市、広島市、北九州市、福岡市、熊本市、鹿児島市	570	570	570	680	680	780	870	870	980	1,090	110

図 4-5 平成11年料金表の一部

によれば，近年の規制・制度改革がもたらした利用者メリットは，2005年度から2008年度にかけての消費者余剰の増加額を推計するという方式を用いて算定した場合，国内航空分野が156億円，鉄道分野が315億円，タクシー分野が105億円，自動車登録検査制度分野が41億円であるのに対して，トラック分野は，実に4,826億円である（内閣府政策統括官（経済財政分析担当）．2010. 7-17）。ただし，トラック運送事業にかかわる規制緩和に関しては，「競争が進展していく中で安全や環境等の社会的要請への対応をおろそかにしたり，労働者に対して劣悪な条件を強いるような悪質な事業者も散見される」ようになり，こうした運送事業者の存在が「トラックによる重大事故の多発，過労運転や社会保険・労働保険未加入など労働災害に結びつくような労働条件の悪化，社会的ルールを無視した競争につながっている」とのマイナス面を指摘する声も根強い（国交省．2003. 12）。

また，中小運送事業者の側に傾きすぎているとの批判にさらされるものかもしれない。しかしながら，多くの大規模運送事業者は，荷主ごとに取引高・運送条件等を総合的に勘案した料金表を作成し，これを自らの意思決定資料として活用する能力を有しているとのことである。伝統ある銀行は，自らが長年の間に蓄積した膨大なデータにもとづいて融資対象企業の成長性を独自に判断すると言われているが，大規模運送事業者に関しても，このようなノウハウが存在し，これが現行の費用計算の不完全さを補完していると考えられる。そうであれば，一般に，当該ノウハウを身につけていない，あるいは身につけることが困難な中小運送事業者に対しては，相応の保護も必要である。

運送事業者の費用計算については，残された課題があまりにも多い。将来，様々な実効性のある方策が提案され，社会実験へと進展していくことを期待したい。

注

1) 一部，加筆修正。
2) 本調査は，全ト協の会員の中から，車両台数および都道府県の2つの視点について，わが国全体のトラック事業者とほぼ同様の構成比率となるように抽出された者を対象とした，以下のような大規模な実態調査である（国交省自動車局貨物課・全ト協．2011．2）。
   1．目的
   　今後のトラック産業のあり方の検討に向けた基礎資料として，トラック運送事業者の実態および運賃・原価に関するデータを収集する。
   2．調査対象
   　トラック運送事業者8,001事業者。調査票を配布した地域および事業者の車両台数の構成は**表4-4**のとおり。
   3．回収数
   　2,412事業者（回収率30.1％）
   4．調査期間
   　平成22年11月～12月
   5．調査方法
   　郵送法にて配布・回収を実施
   6．集計方法
   　各事業者の営業所の保有車両台数にもとづき，5両ごとにグループ化して集計
3) **図4-1**は，2011年調査における「貴営業所においては原価計算を行っていますか。」との質問（後掲，**図4-4**参照）に対して，「全く実施していない」と回答した以外の事業者を対象としたものである（同上．39）。
4) 全ト協HP『トラック早分かり』(http://www.jta.or.jp/coho/hayawakari/14.sonota.html) 参照。
5) 2008年（平成20年）3月に国交省と公正取引委員会の連名により発出された「軽

表 4-4　調査票配布事業者数の一覧

		計	北海道	東北	北陸信越	関東	中部	近畿	中国	四国	九州	沖縄
調査対象数	計	8,001	482	590	384	2,522	944	1,291	577	303	782	126
	5両未満	570	34	42	27	180	67	92	42	22	56	9
	5～10両	3,708	224	270	177	1,170	437	598	270	140	364	57
	11～15両	925	55	70	45	290	110	150	65	35	90	15
	16～20両	925	55	70	45	290	110	150	65	35	90	15
	21～25両	392	24	29	19	124	46	63	28	15	38	6
	26～30両	392	24	29	19	124	46	63	28	15	38	6
	31両以上	1,089	66	80	52	344	128	175	79	41	106	18

油価格高騰に対処するためのトラック運送業に対する緊急措置」を受けて，本省，各地方運輸局および運輸支局ごとに設置された会議である。学識経験者，荷主，運送事業者等と行政で構成され，軽油価格の高騰にともなうコストアップ分を運賃に転嫁するために燃料サーチャージ制を普及させていくほか，交渉力の弱い中小運送事業者に不当なしわ寄せがおよび，安全運行に支障が生じないよう関係者間で信頼感を醸成していくことを目的としている。

引用・参考文献

- 臼井靖彦，土井義夫：地域物流の動向―トラック輸送を中心に―，忍田和良，土井義夫：朝日大学産業情報研究所叢書11　地域物流市場の動向と展望，成文堂，pp. 48-83，2013
- 公益社団法人全日本トラック協会：中小トラック運送事業者のための経営改善対策ガイドブック，2010
- 同上：第6回トラック輸送適正取引推進パートナーシップ会議　説明資料　資料2-2―トラック運送業における原価計算について―，2012
  http://mlit.go.jp/common/000220124.pdf
- 同上：日本のトラック輸送産業　現状と課題　2013，2013
- 同上：日本のトラック輸送産業　現状と課題　2014，2014
- 国土交通省：平成13年度～平成14年度プログラム評価書　貨物自動車運送のあり方―いわゆる物流二法施行後の事業のあり方の検証―，2003
- 同上：平成26年度　政策レビュー結果（評価書）　貨物自動車運送のあり方，2015
- 同上：トラック運送業における下請・荷主適正取引推進ガイドライン，2016
- 国土交通省自動車局貨物課，公益社団法人全日本トラック協会：トラック輸送の実態に関する調査　調査報告書　調査I，2011
- 内閣府政策統括官（経済財政分析担当）：政策課題分析シリーズ6　規制・制度改革の経済効果―規制・制度改革の利用者メリットはどの程度あったか―，2010
- 日野自動車（株），コンサルティングセールスチーム：経営の羅針盤　運送原価シリーズ3，ひので～す2003年12月号，2003

第5章 店着価格制の分析

第1節　地域物流市場における物流需給と商慣行

物流市場を形成する物流需給のプレイヤーは，図5-1に示すように荷主と運送事業者が中心的な存在となり，かつ各地域で日々のオペレーションを展開している。

図5-1のように，発・着荷主間で取引関係が結ばれ，発荷主からの依頼で運送事業者による物流サービスが実施される。特徴は下記の通りである。

1) 発・着荷主間で取引関係が結ばれ，発荷主からの依頼で輸送業者による物流サービスが実施される。輸送業者への支払は発荷主側からである。た

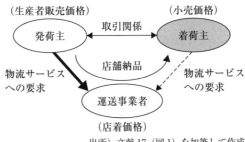

出所）文献17（図1）を加筆して作成
図 5-1　物流需給における商慣行と価格決定[17]

だし,表中で着荷主と輸送業者間に点線が示されているのも,着荷主側からの契約上に表面化しない物流サービスへの要求が存在するためである。

2)物流市場を形成する物流需給のプレイヤー=荷主と運送事業者が中心的な存在であり,地域物流市場の特徴は各地方で日々の運用に基づき展開している点にある。また発・着荷主間で取引関係が結ばれ,発荷主からの依頼で運送事業者による物流サービスが実施される。このような「前提」が従来よりいわゆる商慣行とされるが,継続的な取引関係等をベースに形成される。

物流活動の前提が商慣行であり,継続的な取引関係等をベースに形成されてきた。特に地域において今後モデルとなる取り組み事例を抽出する際,実際の実務的な課題や取引上の関係性が障害になり,3者間の実効性のある話し合いの場は生まれづらい状況下にある[1]。

こうした状況下で,物流需給関連においては,荷主・運送事業者双方が抱える共通した課題の中で,荷主企業と運送事業者との関わり,輸送サービスに関する費用,荷主企業による社会的責務への対応等に関する課題が存在する。特に代表的な価格決定方式としての店舗への納品価格は,着荷主側からの必要以上の物流サービスへの要求を容認しやすいため,店舗納品を中心とした物流需給関連での課題は維持されたままとなっている。

そこで本章では,地域物流市場を形成する荷主の意向を踏まえた商慣行の現状を,店舗納品の視点から明らかにする[19]。

1 用語の定義

本章では,「物流需給関連における課題」を,「荷主・運送事業者双方が抱える共通した課題の中で,荷主企業と運送事業者との関わり,輸送サービスに関する費用や商慣行,荷主企業による社会的責務への対応,に関する諸課題」と定義する。また,物流については「市場を形成する物流需給の担い手としての荷主と運送事業者」と定義する。

丸山ら(1991)によれば,商慣行とは「返品,リベート,建値,系列店制など,個々の事柄を指すか,ないしは,それらを総称する場合」に用いられ,

商慣習とは「個々の事柄を指すというよりも，その基盤ともみなしうるような商取引の基本特性について語る場合」に用いられる日本の商取引の基本特性とする。この基本特性の性質上，状況が継続して続くと「定着する」という状況に陥ることとなる。環境の変化にもかかわらず前提を見直すことは多くの場合困難となる。

輸送業者に代表される物流事業者は，位置付けにより名称が多様であるが，本章では「運送事業者」と位置づけ，また物流需給関連における課題を具体的に検討するため，地域に焦点を当てて検討する。

2 日本における商習慣の特徴

丸山ら (1991) によれば，日本における商習慣の特徴を，

　1）取引を開始する際にも，その後の関係においても，取引条件と共に個人的「信用」が重視されること
　2）一旦企業の取引関係ができると，それがひとつの慣行となって「長期継続的な取引関係」が維持されるのが一般的であること
　3）取引に際して契約書が作成されていない場合があるほか，契約書が作成されていても，契約書に取引条件のすべてが明記されていない場合があり，商取引の交渉過程における意見交換と，その後の状況等を考慮に入れて，契約の解釈が行なわれること

と指摘する[18]。特に「長期継続的な取引関係」が取引維持に関しては物流業務における大きな特徴であるといえる。

3 継続的取引の機能

商慣行の周辺理論として，注目される理論に「継続的取引の機能」[18]がある。
1）取引関係の継続により形成される相互理解や取引関連的な知識の蓄積が，取引をすすめるにあたって，事前的な合意形成のためのコミュニケーション・コストを節減する
2）取引関係の継続が生み出す関係特定的な資産は，取引解消のコストを

高めるように働くため，取引契約の「事後的拘束力」を自律的に確保するようにも機能する

このことから，取引関係の継続性は，取引契約に伴う意思決定共同化の基盤を与えるものである。

4 コンテスタブル市場

もうひとつの周辺理論として「コンテスタブル市場」がある。コンテスタブル市場は，参入・退出が自由な市場において，潜在的競争の存在による新規参入の脅威とする考え方である。ここでは，価格競争としてのただ一つの指標や，非価格競争としての取扱貨物の種類，貨物が移動する地域や起点の違いを想定する。竹内ら (2010) は，例えばそれほど大規模ではないある事業者が既存の企業としてそのサービスを提供している条件化では，大規模事業者がその市場に参入する場合，既存の企業を追い出すかもしくは自社の傘下に入ることを勧める[20]。当事者である荷主とはまったく関係のないところでその事業者間で調整され，さほど規模の大きくない事業者が市場で影響力を行使する余地ともつとする。

「コンテスタブル市場」における市場行動としては，竹内ら (2010) によれば，短期的な行動は，サービスを提供する企業が，現時点において有している資源を所与として，ある特定の案件に対して価格競争・非価格競争を通じてサービスの供給の権利を獲得する行動となる[20]。この場合，生産に関する短期的な行動に酷似とする。また，長期的な行動については，今後の物流市場で競争に生き残るために自企業の弱い分野を補強し，いわば企業体力をつける行動であるとして，自企業の生産設備規模の拡大行動といえると指摘する。

このように，他企業に比べて劣る点を企業の買収によって補ったり合併を推進，IT技術の獲得やコスト削減のために規模の経済を活用したアライアンスを形成したり，子会社を設立するという「コンテスタブル市場」におけ

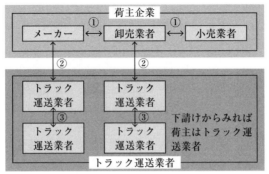

出所：トラック運送サービスに関する商慣行調査研究報告,
1999 より作成

図 5-2　荷主とトラック事業者の関係

る市場行動は，商慣行をベースとする物流活動の土台となる大きな特徴となっている。

図 5-2 に示すとおり，荷主とトラック事業者の関係の中で商慣行が発生する場面は，荷主企業とトラック運送事業者が関連する様々な場面で発生している点が特徴である（図中の①〜③）。特に図中には示されていないが近年では，小売業とトラック運送業者が関連する商慣行が発生している。

図 5-3 では，問題となっている物流条件・慣行の改善への期待を表している。改善は不可能とする上位の項目に，「リードタイムの短縮化」「小口，多頻度配送」「時間指定納品」「緊急納品」「日祝日納品」が，改善は不可能との意向を示している点が大きな特徴であるといえる。

本章で取り上げている「トラック運送サービスに関する商慣行調査研究報告」(1999) においては，商慣行の課題解決に向けた対策としては下記の点に触れている。

　1）物流条件が現実のニーズに比べ過度なものとなっていないかどうかの再検討，在庫管理の徹底や発注点の見直し等によるリードタイムの適正化，共同配送や荷物の混載による小口・多頻度化への対応，荷受け時間の分散，適正な納品時間の設定等の推進

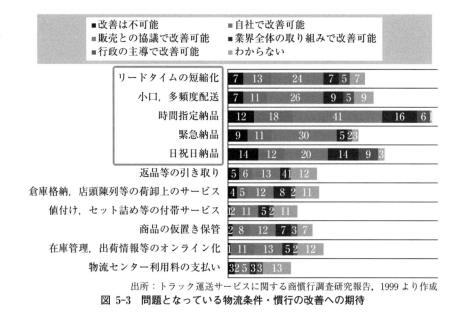

出所：トラック運送サービスに関する商慣行調査研究報告，1999 より作成

図 5-3　問題となっている物流条件・慣行の改善への期待

　2）物流に対する需要を的確に予測，急な発注や変更を避け，事前に適切な配車計画・配送計画，精度の高い物流情報システムを構築，社内外の体制の整備

　3）過度に厳しい条件を防ぎ，物流の効率化，条件に対応したコストの明確な把握，時間指定，リードタイムの短縮，小口・多頻度等付加される条件に応じた明確な運賃・料金の設定

　4）荷主企業とトラック運送業者間の情報交換を密接・迅速に行い，効率的な輸配送を行うため，取引の EDI 化の推進

このような課題解決の対策は，現在取られる対策の方向性としても重視され，その上では引き続き未解決の課題ともいえる。このための地域の物流需給関連における課題の現状を充分に把握しておく必要がある。

第2節　地域の物流需給関連における課題の現状

　荷主企業と運送事業者との関わりとして，国土交通省では荷主と事業者等の関係者の望ましいパートナーシップを推進する場として2008年5月から「トラック輸送適正取引推進パートナーシップ会議」を設置している。また，輸送条件等に関する契約書面化の方向も，2014年1月から「適正な取引の確保及び輸送の安全を阻害する行為の防止等のための省令等の改正」に基づき進められ，課題・対策（含む行政策）が検討されている。

　輸送サービスに関する費用や商慣行として，2008年3月（2015年2月改訂）に「トラック運送業における下請・荷主適正取引推進ガイドライン」が国土交通省より公開された。物流特殊指定及び下請法の適用を受ける取引のみならず，適用を受けない同規模事業者間等の取引も対象となる。法的な罰則を視野に入れての商慣行の課題解決への模索が伺える。

　また荷主企業による社会的責務への対応として，2005年4月から，荷主企業と物流事業者との連携による「グリーン物流パートナーシップ会議」が開催されるなど，「企業の社会的責任」の立場から課題解決を図る方法も取られている。上記に加えて2015年12月，国土交通省より「今後の物流政策の基本的な方向性等について（答申）」[2]が発表された。このうち，商慣行に関係する事項を抽出すると「過積載が荷主からの要求や非効率な<u>商慣習</u>が大きな要因となっている状況を踏まえ，トラック事業者だけではなく荷主にも責任とコスト等を適切に分担させていく取組を併せて実施する必要がある」「契約の書面化を通じた非効率な<u>商慣習</u>の見直しとして，契約で定められていない業務（荷役・ピッキング等）の削減を図る必要がある」（下線部は筆者）と指摘がある。このように商慣行の総体としての「商慣習」自体には改善や非効率という指摘がセットで付されている点が特徴であるものの，改善が進まないのが現状である。

第3節　物流動向と商慣行の変遷

物流動向と商慣行の変遷を経営環境の変化の視点からみると，大きく3段階の転機[8]に区分できる。

第1段階として公正取引と商慣行（～2000年）については，特に，1991年に発表された，輸入品の日本市場への参入・流通を阻害している旨の指摘[3)5)]が行われてきた。我が国の商慣行の特徴として，外国から指摘される点は，①取引に当たって人間関係を重視すること，②長期的，安定的取引関係を重視すること，③契約書によらない取引があること，④取引における意思決定の遅さ不透明さ，⑤品質，デリバリーに対する厳しい要求，⑥返品，派遣店員等の取引慣行が挙げられる。このなかで⑤にデリバリー（店舗納品）に対する要求項目として挙がっていることが注目される。このように外国からの指摘を受け，問題が顕在化する特徴がある。

第2段階としてSCMと商慣行（2000年前半）については，経営環境の変化として，サプライチェーンマネジメント（SCM）の研究[4)]が進むと，返品制や明確な契約の不在といった日本的なリスク分担構造を明らかにする研究が進められてきた。

経営環境の変化の第3段階，物流研究と商慣行（2000年後半）では，物流研究からの商慣行の原因解明が環境問題等の高まりの中進展した。総合物流施策大綱（2005-2009）では，商慣行のあり方の検討として「リベート，返品制度，多頻度配送，店着価格制等の商慣行がサプライチェーンマネジメントの効率性を阻害しないようにするため，今後，商慣行が全体最適化を阻害している事例を明らかにし，その改善方策の検討を行う」と表記される。

第4節　商慣行からみた店着価格制

物流と商慣行に関して，公正取引の見地と，現在の議論の見地を確認する。

経済産業省が実施している商慣行改善調査結果から問題とされている商慣行を分類すると，取引商慣行，リベート制，物流慣行の3つに整理できる[8]。

取引商慣行は，委託仕入，派遣店員制，口約束契約，建値制である。例えば，口約束の契約とは，小売側と納入業者間の取引の大半が口約束に基づいて行われ，その言葉どおりに履行されてないことが日常化する場合が存在する。

リベートは，一定の数量以上を仕入れ販売してくれた問屋・小売店に支払われる報酬などを指す。同様の商慣行に開店協賛金，催事協賛金，売り出し，リニューアル協賛金などがある。

物流慣行は，物流センターフィーと納品条件に分類される。

物流センターフィー[6)7)]は，小売業者が自社の物流センター又は自社の使用している物流センターに納品している卸売業者や製造業者などに負担させている物流センターの使用料と物流センターと店舗間の配送費などの物流費に関わる負担金を指し，店着価格制としての商慣行を支えている。

納品条件は，本検討で対象とする納品店舗への対応である多頻度小口納品が定着している。リードタイムの短縮と納品頻度の増加，時間帯指定配送といった要求が強まっている。

店着価格制[9)−12)]は，需要側の特徴として，物流サービスの代価を依頼荷主である発荷主から物流業者が受け取る制度である。このサービスのあり方は発荷主ではなく着荷主の指示を受けており，いわゆる「ねじれ現象」となる。日本市場は，商品を店舗に納品するまでの物流費を卸価格に含んだ「店着価格制度」を慣習とし，多頻度小口納品を前提にする。一度に大量の購入もしくは，小刻みな購入としても同一価格であるのならば，しばしば指摘されている通り，買い手側である着荷主は，多頻度小口納品を選択することに躊躇しないといえる。

店着価格制は，本章では，「需要側の特徴として，物流サービスの代価は依頼荷主である発荷主から物流業者が受け取り，このサービスのあり方は発荷主ではなく着荷主の指示を受ける価格制度」と定義したい。

わが国の取引制度は，そのベースに小売店着価格（店舗荷受け渡し価格）制度が敷かれており，根本（2004）による取引制度の検討[15]がある。また寺嶋（2010）によれば，「貿易で言うところの CIF 価格（Cost Insurance and Freight）と同じ概念で商品の納入価格に，物流を初めとするサービスコストが含まれているわけで，卸売業やメーカーが如何に効率的な流通機能を提供しようと，納品価格は同一になる」と指摘している[11]。

このため「ねじれ現象」となる日本の商慣行において「店着価格制度」が前提になる背景には，納品制度の定着化が進んでいる点にある。物流の業界紙等でも日本市場は，商品を店舗に納品するまでの物流費を卸価格に含んだ「店着価格制度」を慣習としており，一度に大量に購入しても，小刻みに購入しても同じ価格であるのなら，買い手側は当然，多頻度小口納品を選択することが指摘[16]される現状がある。

第5節　店着価格制に対する荷主と事業者の意向

商慣行の一つである店着価格制について，一店一店のお店に納めて初めて，販売が成立するという「商慣行」を前提としている。これによって物流事業者は納品先での待機，輸送以外の取りおろし，移動，積み込み等の付帯業務を強いられることになりがちである。

店着価格制は，店舗納品の完結をもって初めて，販売が成立する商慣行である以上，運送事業者は納品先での待機，輸送以外の取りおろし，移動，積み込み等の付帯業務を強いられることになりがちであるものの，従来彼らの意向については不明な点が多かった。そこで本章では，文献17により意向を問うた質問紙調査結果より分析を行う[17]（2015年2月に筆者ら大学の地域である岐阜県下の荷主・運送事業者に質問票を送付。回収率：荷主質問票174通（12.1%），事業者質問票135通（16.2%））（各章同様，仔細は付録参照）。

1　現況への認識（複数選択可）

　図 5-1 に，現況への認識（複数選択可）を示す。最も荷主・運送事業者で差が分かれた意向が，「輸送サービス提供の実態を明確に把握していない」であった。荷主が「我々発荷主は，顧客（着荷主）側での輸送サービス提供の実態（待機や荷卸し等の実情）を明確に把握していない」（29%），「発荷主は，着荷主側での輸送サービス提供の実態（待機や荷卸し等の実情）を明確に把握していない」（37%）との意向を示した。輸送サービス提供の実態（待機や荷卸し等の実情）が互いに充分把握していない現状が伺える。

表 5-1　現況への認識（複数選択可）

荷主（規模別）					設問	物流事業者（規模別）				
20人以下	300〜21人	301人以上	不明	総計	店着価格制に対する現況への認識（複数選択可）	10台以下	30〜11台	31台以上	不明	総計
41	95	23	15	174	回答数	36	54	39	6	135
9 22%	23 24%	4 17%	0 0%	36 21%	従来からの商慣行であり，当然	14 39%	7 13%	2 5%	0 0%	23 17%
7 17%	26 27%	3 13%	6 40%	42 24%	高サービス等の要請が厳しく物流効率化を著しく阻害	7 19%	13 24%	20 51%	1 17%	41 30%
8 20%	15 16%	6 26%	0 0%	29 17%	発荷主からの要請にきちんと対応すべき	7 19%	15 28%	10 26%	1 17%	33 24%
12 29%	31 33%	6 26%	2 13%	51 29%	輸送サービス提供の実態を明確に把握していない	8 22%	19 35%	22 56%	1 17%	50 37%
8 20%	22 23%	1 4%	2 13%	33 19%	物流改善意向が希薄であり，かつ不明	4 11%	12 22%	13 33%	1 17%	30 22%
1 2%	9 9%	6 26%	2 13%	18 10%	その他	2 6%	6 11%	1 3%	0 0%	9 7%
7 17%	5 5%	2 9%	6 40%	20 11%	無記入	6 17%	6 11%	1 3%	2 33%	15 11%

2　課題（複数選択可）

　図 5-2 に，課題（複数選択可）を示す。この課題は，店着価格制に対する取引上における課題といえ，運送事業者に対しては優越的とされる荷主に対する

表 5-2　課題（複数選択可）

荷主（規模別）					設問	物流事業者（規模別）				
20人以下	300〜21人	301人以上	不明	総計	店着価格制に対する課題（複数選択可）	10台以下	30〜11台	31台以上	不明	総計
41	95	23	15	174	回答数	36	54	39	6	135
18 44%	38 40%	12 52%	3 20%	71 41%	適正運賃・料金の設定	13 36%	14 26%	15 38%	3 50%	45 33%
6 15%	25 26%	1 4%	4 27%	36 21%	付帯作業に関しての着荷主による優越的地位の濫用	8 22%	24 44%	19 49%	0 0%	51 38%
3 7%	15 16%	3 13%	3 20%	24 14%	荷主の合意が必要なため、運送契約条件の書面化が困難	4 11%	8 15%	5 13%	1 17%	18 13%
8 20%	41 43%	3 13%	2 13%	54 31%	発荷主が顧客（着荷主）に対して要請の困難さ	12 33%	11 20%	19 49%	1 17%	43 32%
2 5%	5 5%	4 17%	2 13%	13 7%	その他	4 11%	6 11%	1 3%	0 0%	11 8%
9 22%	4 4%	3 13%	6 40%	22 13%	無記入	6 17%	10 19%	1 3%	2 33%	19 14%

課題である。最も荷主・運送事業者で差が分かれた意向が，「付帯作業に関しての着荷主による優越的地位の濫用」であり荷主が21%に対し，運送事業者が38%と17ポイントの差がみられた。適正運賃・料金の設定に関しては，荷主が「顧客（着荷主）のサービス要請拡大」（41%），運送事業者が「発・着荷主の板挟み」（33%）との意向を示し，意向の違いが見られる。

3　方策（含；業界，行政等での取り組み）（複数選択可）

図5-3に，方策（含：業界，行政等での取り組み）を示している。最も荷主・運送事業者で差が分かれた意向が，行政主導（例：生産，配送，販売3者の連携）の委員会での対応策の検討であり，荷主が18%に対し，運送事業者が30%であった。このように12ポイントの差が出た背景に，長時間労働の現実や責任の所在があいまいな附帯作業につながる店舗納品における商慣行の現状についての行政主導に対する運送事業者の期待への考え方が見受けられる。

表 5-3 方策（含；業界，行政等での取り組み）（複数選択可）

荷主（顧客業種別）					設問	物流事業者（顧客業種別）				
製造業	流通業	建設業他	不明	総計	店着価格制に対する方策 （含；業界，行政等での取り組み） （複数選択可）	製造業・流通業	物流業	その他	層別不明分	総計
88	32	49	5	174	回答数	27	71	32	5	135
35 40%	15 47%	18 37%	1 20%	69 40%	好事例等を荷主企業，運送事業者へ提供	9 33%	27 38%	14 44%	0 0%	50 37%
8 9%	3 9%	1 2%	1 20%	13 7%	ミルクランなどの物流システムの改善策	5 19%	12 17%	1 3%	2 40%	20 15%
10 11%	8 25%	13 27%	1 20%	32 18%	着荷主等の参加を得ての検討会の設置・開催	9 33%	11 15%	7 22%	0 0%	27 20%
23 26%	1 3%	7 14%	1 20%	32 18%	行政主導の委員会での対応策の検討	8 30%	24 34%	8 25%	1 20%	41 30%
11 13%	2 6%	3 6%	1 20%	17 10%	その他	1 4%	5 7%	2 6%	0 0%	8 6%
14 16%	4 13%	12 24%	3 60%	33 19%	無記入	3 11%	11 15%	7 22%	2 40%	23 17%

　トラック運送事業は，長時間労働に伴う責任の所在があいまいな附帯作業の改善等の様々な課題を抱えているとして，中部運輸局では2015年2月に現場における課題と改善点の見える化事業検討会を立ち上げ，調査[13]を実施している。当該調査では，ドライバー不足により「輸送を断られた」，「輸送が遅れた」などの影響を受けた荷主は約半数にのぼっている一方で，そのための対策である物流条件の見直しや変更の可能性があると答えた荷主は約3割にすぎないということが示されている。現状にある物流現場の課題を解決するには，「輸送できない危機」を荷主やトラック事業者で意向を共有し，数字などの客観的な情報で課題を「見える化」する必要性が提示されている。本研究で注目した店舗納品における商慣行の見直しがその一端となりうるであろう。

　今後の課題としては，発荷主と着荷主と運送事業者が見直しのための前向きな議論と提案をする「話し合いの場」議論を深化させる必要がある。

注

1) 土井義夫ら，第 32 回日本物流学会全国大会研究報告要旨集，pp. 121-124，2015
2) 今後の物流政策の基本的な方向性等について（答申），国土交通省，2015
3) 経済企画庁物価局物価政策課（編集）：輸入品の流通及び商慣行，1986
4) （独）経済産業研究所編：SCM の推進のための商慣行改善調査研究，p. 14，2003
5) 公正取引委員会「流通・取引慣行に関する独占禁止法上の指針」，1991
6) 株式会社野村総合研究所，p. 12，2009
7) 平成 25 年公正取引委員会年次報告，p. 180，2014
8) 土井義夫ら，日本物流学会誌 No 19，pp. 105-112，2011
9) 根本重之，流通情報（362），pp. 18-25，1999
10) 渡辺達朗，商工金融 52（11），pp. 7-14，2002
11) 寺嶋正尚，産業能率大学紀要 31（1），pp. 13-29，2010
12) 髙橋佳生，新世代法政策学研究 19，pp. 239-268，2013
13) 中部運輸局：物流現場における課題と改善点の見える化事業報告書，2016
14) トラック運送サービスに関する商慣行調査研究報告書，1999
15) 根本重之，新取引制度の構築，2004
16) 大矢昌浩，2005 年 12 月号，2005
17) 土井義夫ら，第 33 回日本物流学会全国大会研究報告集，pp. 133-136，2016
18) 丸山ら，日本の流通システム理論と実証，経済分析第 123 号，1991
19) 本章は 2016 年 9 月の日本物流学会全国大会（於：北海商科大学）にて，土井，板谷，小畠，荒深「地域物流市場からみた店舗納品における商慣行の現状」，2016 年 9 月開催の中部運輸局主催「トラック運送業の物流環境改善セミナー in 中部」において土井「物流の商慣行について」として講演報告した内容をベースに執筆した。
20) 竹内健蔵：第 6 章物流サービス（物流市場），pp. 234-235，2010

参考文献

- 今後の物流政策の基本的な方向性等について（答申），国土交通省，2015
- 中部運輸局：物流現場における課題と改善点の見える化事業報告書，2016
- トラック運送サービスに関する商慣行調査研究報告書：平成 10 年度商慣行改善行動計画策定研究，三和総合研究所，1999
- 経済企画庁物価局物価政策課（編集）：輸入品の流通及び商慣行，大蔵省印刷局，1986
- （独）経済産業研究所編：SCM の推進のための商慣行改善調査研究，（財）流通システム開発センター，2003
- 公正取引委員会「流通・取引慣行に関する独占禁止法上の指針」，1991
- 株式会社野村総合研究所：加工食品・日用品等における卸・小売業間の取引に関する実態調査，2009
- 公正取引委員会：「平成 25 年公正取引委員会年次報告」，2014

・土井義夫，黒川久幸：アパレル業界における返品制からみた商慣行の問題構造，日本物流学会誌 No 19, pp. 105-112, 2011
・土井義夫，板谷雄二，小畠信史，荒深友良：地域の物流需給関連における課題分析，第 32 回日本物流学会全国大会研究報告要旨集，pp. 121-124, 2015
・土井義夫，板谷雄二，小畠信史，荒深友良：地域物流市場からみた店舗納品における商慣行の現状，第 33 回日本物流学会全国大会研究報告集，pp. 133-136, 2016
・根本重之：新取引制度の構築，白桃書房，2004
・根本重之：直接取引問題に関する基礎的検討，流通情報（362），pp. 18-25, 1999
・渡辺達朗：メーカーと卸売業との関係の変化―いわゆる直接取引問題に関連して，商工金融 52（11），pp. 7-14, 2002
・寺嶋正尚：小売業がメーカー及び卸売業に期待するリテールサポート機能に関する一考察，産業能率大学紀要 31（1），pp. 13-29, 2010
・高橋佳生：流通構造の変化と取引慣行の変容，新世代法政学研究 19, pp. 239-268, 2013
・丸山雅祥，酒井亨平，外川洋子，坂本信雄，山下道子，荒川正治，井場浩之：日本の流通システム理論と実証，経済分析第 123 号，1991
・竹内健蔵：第 6 章物流サービス（物流市場），杉山武彦：交通市場と社会資本の経済学，有斐閣，pp. 234-235, 2010
・大矢昌浩：「第 8 回小売業のロジスティクス戦略：2005 年 12 号ロジビズ再入門」，月刊ロジスティクス・ビジネス，2005 年 12 号，2005

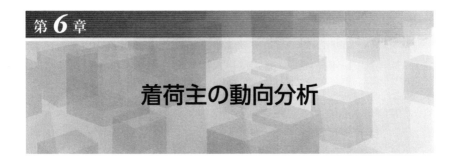

第6章 着荷主の動向分析

本章では物流効率化に関する着荷主への期待について検討する。物流効率化を推進するうえで，物流事業者や発荷主による取り組みのみならず，着荷主の協力が不可欠と考えられ，着荷主の現状から今後のあり方について分析を進める。

第1節　着荷主の位置づけ（定義）

物流事業者における顧客（物流業務の依頼者）を「荷主」と呼び，主に貨物の出し手を「発荷主」，受け取り手を「着荷主」と呼ぶ。

物流市場を形成する物流需給のプレイヤーは，図6-1に示すように荷主と物流事業者が中心的な存在となる。

一般的に物流事業者と契約するのは「発荷主」である。つまり発荷主が物

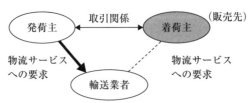

図 6-1　物流需給における関係
出展：「地域の物流需給関連における課題分析」日本物流学会　第32回全国大会研究報告要旨集　p121

流事業者に対して貨物の輸送を依頼し，その代金の支払いを行なう。そのため，発荷主は物流事業者に対して物流サービスを要求し，物流事業者は発荷主からの厳しい要請にもある程度応じざるを得ないという立場にある。

一方，発荷主にとっての顧客は「着荷主」である。発荷主は，物流サービスの受け取り手である着荷主の顧客ニーズに対応した輸送体制を講じることが求められる。

つまり，発荷主からの物流事業者に対する要求は，そのまま着荷主から発荷主に対する要求とも言うことができる。

現在，日本の物流市場においてモノの売買は着荷主に納品が完了してはじめて完結するといった「店着価格制」が当たり前になっている。物流事業者は発荷主から輸送依頼を受けて，発荷主からその輸送料金を収受するが，その輸送サービスの納品水準に関しては着荷主が確定していると言っても過言ではないだろう。

第2節 着荷主の現状

1 物流サービスの条件

市場における物流サービスとは，顧客納品に関わる顧客（荷主）と物流事業者との約束事であり，物流に関する取引条件とも言える。

注文を受けてから何時間あるいは何日以内で届けるのか，注文は何時に締めるのか，どんな単位で注文を受けるのかなど，納品のしかたについての決め事が物流サービスの条件である[1]。

物流サービスを特定する条件には，一般的に以下の5つの要素が挙げられる。

①納期（リードタイム）…注文を受けてから納品するまでの期間
②注文締め切り時間…顧客からの注文を締める時間
③注文頻度…一定期間の注文回数

④注文単位…一つの商品の1回あたりの最低注文ロット
　⑤流通加工（付帯作業）…"モノを運ぶこと"以外の輸送に関わる，顧客からの特別の要請で行なう業務（ラベル貼り，仕分け・検品など）

　これらの中で中心となるのはやはり「①納期」であり，これまでこの短縮化が課題となっている。発注する側（着荷主）からすると，納期つまりリードタイムが短いほど手持ちの在庫を少なくすることができるため，短縮化は必然的な流れと言える。納期の短縮化は，注文締め切り時間を遅らせるか納入時間を早めるかで実現されてきており，必然的に「②注文締め切り時間」は遅くなる傾向にある[2]。

　「③注文頻度」と「④注文単位」に関しては多頻度小口化の傾向があり，その背景には現在の日本の商慣行において当たり前となっている「店着価格制」が影響している。

　米国での商取引においては，一般に売り手（供給側）の倉庫渡しで価格が設定されているため，売り手の倉庫から買い手（顧客）の施設までの運賃は買い手の負担になるという考え方である。そのため買い手側はできるだけ効率的に輸送を行なうように輸送計画を立てる。効率的という意味は，輸送コストを抑えるため，多頻度小口化ではなく可能な限りまとめて引き取るという形態である[2]。それに対して，日本の商慣行では買い手の施設に届けるまでの費用が価格に含まれることになるため，買い手の施設までの輸送運賃は売り手の負担という考え方である。

　つまり，買い手側（着荷主）は，どんな要求（どんな発注の仕方）をしても販売価格は変わらない[2]。つまり一度に大量購入しても，小刻みに購入しても同じ価格であるのなら，買い手側は抱える手持ち在庫を少なくするため，当然，多頻度小口納品を選ぶことになる。

　「⑤流通加工」（付帯作業）については，本来，顧客側が行なうべき作業を供給側（発荷主もしくは物流事業者）が代行して行なっている作業である。このとき付帯作業は顧客側（荷主側）の直接的な利益になるため，当然その作業に見

合う費用を供給側はもらうべきものであるが，供給側が顧客サービスの一環として無償で行なっている例が少なからずあるのは事実である。おそらく，そのような顧客サービスを行なっても，決して売り上げが増えるわけではない。むしろコストだけが発生すると言っても過言ではない。

　流通加工は本来顧客側で行なうべき作業を供給側が代行しているという認識を，顧客側・供給側の双方が持ち，それ相応の費用請求をすべきものである。そういった意味では，流通加工作業はあくまでも付随的な要素であり，もはや取引条件とは言えないため，物流サービスを構成する基本要素には入れないという判断が妥当かもしれない[3]。

2　着荷主の優越的地位の濫用

　前述のとおり，物流市場における「着荷主」の立場は非常に強い。

　旧・日本路線トラック連盟と国土交通省が特積み事業者を対象に行なった荷主の庭先調査で，長時間の手待ちや付帯作業により，物流事業者が負担を強いられている実態の一端が明らかになった[4]。

　手待ち時間について，60分以上の手待ち時間が発生する割合は配達時で全体の24.5％であった。中には5～6時間におよぶ事例も報告されており，特に手待ち時間が長い業種は，「飲食料品卸業」「各種商品小売業」「流通業」「その他製造業」に集中している。配送センターなど規模の大きな拠点での手待ち時間が長い傾向も見られた。

　また，手待ち時における「待機場所の指定」がされているのは全体の43.9％で，「路上駐車の実態がある」との回答は30.2％にのぼり，手待ちを原因とする路上駐車の問題も浮き彫りとなった。

　特積み事業者のドライバーの多くが集配時に付帯作業を任されており，その内容は，配達先では「検品」が66.2％，「仕分け」が66.1％，「納品場所の整理」23.5％，「棚入れ」21.0％，「荷役機械利用」が20.9％，「ラベル貼り」が11.0％であった。

　本来，特積み事業者と顧客（ここでは発荷主）との契約の中で，納品について

は軒先卸しが原則である。それ以上の作業は，すべて付加サービスであり，別途料金が発生すべき内容と言えるだろう。しかしながら，付帯作業で料金が収受できている割合は，最も多い「配達先のラベル貼り」でも 3.6％であり，付帯作業の多くが料金収受できないまま行なわれていることがわかった。

　また，前述の 2014 年に実施された旧・日本路線トラック連盟の「荷主庭先実態調査」を参考に，この 2 年間で手待ち時間の改善が行なわれたか，及び付帯作業の改善が行なわれたかに関する調査が 2016 年 3 月から 4 月に物流事業者に対し実施された[5]（輸送経済　2016.4.19 より）。

　回答した物流事業者の半数以上が，この 2 年間での手待ち時間の改善について「変わらない」と回答している。集荷先より配達先で待たされる傾向が強く，前回の庭先調査で待ち時間が長いと社名の挙がった荷主では，今もなお「1 時間以上の手待ちがある」との回答が多くあった。なかには荷卸しまでに 6 時間 30 分以上かかったとの回答もある。その他，納品書の確認で 1 時間ほど待たされるという着荷主の受け入れ態勢を理由とした手待ち時間も発生している。

　また，別の一部荷主において「待ち時間が短くなった」との回答があったが，その背景について，物流事業者からは荷主の自主的な改善以外に「物量の減少が影響したのではないか」という指摘もある。施設機能の見直しやスタッフ増員などの改善が実施されていないにも関わらず待ち時間が減少している実態がある。

　なお，仕分けやラベル貼りといった付帯作業については依然として発生しており，改善は進んでいない。

　次に，2013 年 6 月に朝日大学グローバルロジスティクス研究会にて実施した荷主調査の結果を**表 6-1** に示す。

　着荷主として，物流サービスに要求する事項は，①早期配達対策（41％），②日付等商品特性（30％），④段ボール等の汚れキズへの配慮要請（27％）が高い割合を示しているのに対して，③縦持ち・横持ち，⑤製品・商品の積み込み順序への配慮は 8％，18％にとどまった。しかしながら，サービスへの要求

表 6-1 着荷主としての物流サービスへの要求 《複数回答》

業種	建設業	製造業	卸売・小売業	総計
①早い時間での納品をしてほしい	21%	50%	52%	41%
②日付等商品特性に留意して納品してほしい	34%	29%	28%	30%
③縦持ち・横持ちにも対応してほしい	7%	9%	7%	8%
④到着時における製品，商品の段ボール等にはどのような汚れ，キズもつけないでほしい	10%	26%	45%	27%
⑤到着時での対応が効率的になるよう，製品，商品の積込順序を考慮してきてほしい	21%	12%	24%	18%
⑥その他	14%	15%	10%	13%
回答数	29	34	2992	

※表中の%は複数回答の回答数に占める割合

がすでに満たされている場合，つまり，縦持ち・横持ちや効率的な荷卸しなどは前提条件（当たり前のサービス）であり，あえて要求しているという意識が着荷主側に無いがゆえに，意向の数字が逆に低く出ることがあると考えられる。

このような配達時における着荷主から物流事業者への要求（手待ち時間や付帯作業）に関して，そのコストを着荷主が商品代金として負担することもなければ，発荷主が輸送費用として負担することもほぼ皆無である。物流事業者による無償での付帯作業の常態化の解決には，運送契約の書面化を進めるとともに，手待ち時間や付帯作業に関する具体的な取り決めまでの契約内容とすることが必要となる。

3 物流効率化に関する協力事例
【事例1】

物流効率化の有力な手段として「物流共同化」がある。物流共同化は，経済的な面ではコスト削減という効果，社会的な面では環境負荷軽減という効果が期待できる。着荷主が物流サービスレベルを決定する上で大きな力を持っている為，物流共同化には必ず着荷主の関与（協力）が不可欠である。着

荷主がサービスレベルの変更を積極的に受け入れれば，物流共同化は実現に近づくとも言える。

　着荷主が物流共同化に企画から実施にわたり，深く関わった事例に横浜元町商店街の物流共同化の取り組みがある[6]。

　元町商店街は，横浜市中区元町1丁目から5丁目までの元町通りを中心とする商店街であり，おしゃれな商店街として観光客や地元消費者にも人気が高い。この商店街の特徴のひとつは，原則，「一般のトラックが乗り入れることがない」という点である。

　商店街から500メートルほど離れた場所に「共同集配拠点」を設け，そこに商店が買い手となって仕入れる商品のすべてが一旦集められる。それを「元町共同配送」のロゴの入った専用配送用トラックで配送する仕組みになっている。さらに商店街の共同配送用トラックの専用駐車スペースからは台車を使って商品を配送している。

　注目すべきは，この元町商店街の物流共同化を企画し，運営しているのは商店主など商店街のステークホルダーで構成される「元町ショッピングストリート会」いわゆる着荷主という点である。

　また元町商店街の共同配送がユニークな点は，商店街に並ぶ商店宛の貨物だけではなく，地域住民の家へ宅配される貨物も取り扱っている点である。商店街のトラックを減らすためには商店への配送だけでは不十分であり，元町では商店街の500店舗に加え，周辺の800軒を超える住民がこの共同配送に参加している。元町の共同配送は，小売業・サービス業を中心とする商店街と地域住民の見事なコラボレーションにより成り立っていると言える。

　横浜元町商店街での物流共同化が成功している要因には次の点が挙げられる。

　第一には複数の着荷主による意思決定と合意形成がなされている点である。商店街の貨物車交通を減らし景観を維持するメリットがある半面，物流コストが従前よりも高くなることや，貨物の到着時間が従前とは異なるなどのデメリットがあるなど，着荷主同士が得失を相互に了解している点である。

第二に，複数の着荷主が意思決定を行なうための場が用意されていることである。合意形成の場は，商店主のみならず，宅配貨物を共同化に委ねる地域住民にも開かれている。つまり着荷主としての地域住民の意見も反映しながら，共同配送を推進することができる体制であることが，物流共同化の成功要因と考えられる。

物流共同化における着荷主の役割とは，物流共同化によって影響を受ける物流サービスを柔軟に受け入れ，相互に調整することである。

【事例2】
宅配の再配達削減による物流効率化の促進

物流効率化の課題の一つとして，宅配の再配達の増加の問題がある。この問題については国土交通省主導で「宅配の再配達の削減に向けた受取方法の多様化の促進等に関する検討会」も実施されている[7]。

消費者の生活スタイルの変化に合わせて大きく発展してきたネット通販をはじめとする電子商取引（EC）市場の拡大に伴い，宅配便の取扱件数が増加するとともに，宅配貨物の不在再配達は全体の約2割発生している。これは配達日時が指定されている場合も含めてである。

再配達を無くすには，お客様が欲しいときに欲しい場所でどのように提供できるかという点がキーとなる。

そこで，考えられる方策は以下のようなものがある。
・日時指定の促進
・宅配BOXの活用
・コンビニ受取
・楽天BOX等のロッカー受取

相対的に日本の輸送サービスはレベルが高いと言われているが，サービスが過剰化して消費者がそれを当然と捉えている傾向がある。まず消費者（着荷主）に宅配をはじめとした物流の重要性について意識してもらうことが必要である。消費者は実際に店舗に行くことなく，欲しいものをインターネッ

ト等で注文することが可能となった。しかし，物流事業者が輸送を行なわなければ，消費者は商品を手にすることはできないのである。

不在再配達の増加により，ドライバーの付加が増大し，ドライバー不足問題がますます深刻化している。宅配の再配達削減は，物流効率化の促進と共にドライバー不足の対策にも大きく関係するであろう。ここでも消費者（着荷主）の理解と協力が不可欠と言えるであろう。

第3節　着荷主（販売先）に対する荷主と事業者の意向

朝日大学グローバルロジスティクス研究会にて実施した「地域の荷主と物流事業者の意向調査」（2015年3月実施）の結果について見てみる。

【設問1】物流効率化に対する着荷主の現況（意識）について

表 6-2 を全体的に見てみると「①物流効率化には発荷主だけでなく着荷主の協力が欠かせない」というのが発荷主（70.1%）・物流事業者（74.8%）の共通の意識であり，ともに最も多く7割以上が回答している。

しかしながら，「②着荷主は物流効率化には不熱心で物流システム改善の提案には応じない」という意識をそれぞれ発荷主（19.0%）・物流事業者（20.0%）が持っており，「④着荷主から概ね協力を得られている」という回答を発荷主（15.5%）・物流事業者（14.8%）ともに上回っている。

「③着荷主に対しての効率化に関する提案」に関しては，発荷主と比較し物流事業者のほうが積極的に提案を重ねているという意識が高い。着荷主の要望（納品時間・付帯作業等）に対して，物流事業者は直接的に影響を受けているため，改善（効率化）を切望し提案を重ねていると考えられる。一方，配達時における着荷主からの物流事業者に対する要求を発荷主は具体的には認知していないことに加え，発荷主は顧客である着荷主（販売先）に強く言えない立場ということも影響している。

調査結果を規模別に見てみると，中規模以上（保有台数11台以上）の物流事

表 6-2 設問1：物流効率化に対する着荷主の現況（意識）調査結果《複数回答》

荷主（規模別）					設問	物流事業者（規模別）				
20人以下	300〜21人	301人以上	不明	総計	着荷主の物流効率化の現況（意識）（複数回答可）	10台以下	30〜11台	31台以上	不明	総計
(41)	(95)	(23)	(15)	(174)	回答数	(36)	(54)	(39)	(6)	(135)
25 61.0%	74 77.9%	15 65.2%	8 53.3%	122 70.1%	①物流効率化には発荷主だけでなく着荷主の協力が欠かせない	22 61.1%	38 70.4%	37 94.9%	4 66.7%	101 74.8%
4 9.8%	22 23.2%	5 21.7%	2 13.3%	33 19.0%	②多くの着荷主は物流効率化には不熱心で物流システム改善の提案には応じない	7 19.4%	10 18.5%	10 25.6%	0 0.0%	27 20.0%
2 4.9%	10 10.5%	0 0.0%	1 6.7%	13 7.5%	③（発荷主だけでなく）着荷主に対しても効率化に関する提案を重ねている	8 22.2%	5 9.3%	4 10.3%	0 0.0%	17 12.6%
7 17.1%	11 11.6%	8 34.8%	1 6.7%	27 15.5%	④着荷主と良好な関係を築いており，既に概ね協力を得られている	6 16.7%	10 18.5%	4 10.3%	0 0.0%	20 14.8%
1 2.4%	1 1.1%	1 4.3%	0 0.0%	3 1.7%	⑤その他	0 0.0%	3 5.6%	0 0.0%	0 0.0%	3 2.2%
7 17.1%	5 5.3%	2 8.7%	6 40.0%	20 11.5%	無記入	6 16.7%	7 13.0%	0 0.0%	2 33.3%	15 11.1%

※表中の上段は件数，下段は複数回答の回答数に占める割合

業者と比較し，小規模（保有台数10台以下）の物流事業者の方がより積極的に着荷主に提案を行なっている（※回答③の占有率　10台以下：22.2%，11〜30台：9.2%，30台以上：10.3%）。

　中規模以上の事業者は，着荷主への提案に関しても，直接着荷主に提案するのではなく，依頼主（物流事業者にとっての顧客）である発荷主を通じて「〇〇に関して，着荷主に改善して欲しい・協力して欲しい」という要望を提案する傾向がある。それに対して，小規模の物流事業者は発荷主との間に元請事業

表 6-3 設問 2 物流効率化の課題 調査結果《複数回答》

荷主（規模別）					設問	物流事業者（規模別）				
20人以下	300〜21人	301人以上	不明	総計	物流効率化の課題（複数回答可）	10台以下	30〜11台	31台以上	不明	総計
(41)	(95)	(23)	(15)	(174)	回答数	(36)	(54)	(39)	(6)	(135)
11 26.8%	45 47.4%	10 43.5%	3 20.0%	69 39.7%	①身近な改善例の発掘と収集の不足	8 22.2%	12 22.2%	8 20.5%	1 16.7%	29 21.5%
7 17.1%	27 28.4%	4 17.4%	0 0.0%	38 21.8%	②発荷主からの積極的な提案とそのための方向付けの不在	8 22.2%	11 20.4%	11 28.2%	1 16.7%	31 23.0%
5 12.2%	19 20.0%	4 17.4%	4 26.7%	32 18.4%	③着荷主の改善基準告示等，労働条件（過労運転等防止のための基準）に関する法令知識の欠如	12 33.3%	19 35.2%	18 46.2%	1 16.7%	50 37.0%
6 14.6%	17 17.9%	2 8.7%	4 26.7%	29 16.7%	④運送事業者に対する荷主企業の慢性的優越的地位の濫用	7 19.4%	22 40.7%	21 53.8%	3 50.0%	53 39.3%
1 2.4%	5 5.3%	7 30.4%	1 6.7%	14 8.0%	⑤その他	1 2.8%	4 7.4%	0 0.0%	0 0.0%	5 3.7%
12 29.3%	6 6.3%	2 8.7%	6 40.0%	26 14.9%	無記入	8 22.2%	6 11.1%	0 0.0%	2 33.3%	16 11.9%

※表中の上段は件数，下段は複数回答の回答数に占める割合

者などを介しているなどの理由から，直接的に着荷主に要求している事が多い。

次に【設問2】物流効率化に関する課題について調査結果を見てみる（表6-3）。

本設問では，発荷主と物流事業者で，それぞれ課題に感じていることが大きく異なることわかった。

発荷主側は「①身近な改善例の発掘と収集の不足」(39.7%)，「②（自分たち）発荷主からの提案とそのための方向付けの不在」(21.8%) が回答上位であった。発荷主は自らの物流効率化に関する行動（改善例の発掘・収集）が不足して

おり，具体的な改善策が見いだせないため，着荷主への積極的な提案ができていないことが課題と考えている。

物流事業者は「④付帯作業に関しての着荷主による優越的地位の濫用」(39.3%)，「③着荷主の改善基準告示等労働条件（過労運転等防止のための基準）に関する法令知識の欠如」(37.0%) が回答上位であった。着荷主は法令等への認識は低く，手待ち時間や付帯作業など様々な厳しい要求を課してくることがある。物流事業者としても，着荷主からの厳しい要請に対してある程度応じざるを得ないという，これまでの慣行に課題があると考えている。

ここで興味深いのは，発荷主は物流事業者が考えているほど，優越的地位を濫用している意識を持っていないという点である。

また，着の現場（配達時）における手待ち時間や付帯作業等に関して，発荷主が把握していないことも多くある。荷主庭先の約5割で手待ちが発生している半面，手待ち時間を把握している発荷主は2割程度であるとの調査もある。着荷主においても，実際には3PLに現場運営を委託しているため，手待ち時間の実態を把握していないことも多い。

長時間にわたる手待ち時間の発生に関しては，トラックドライバーの長時間労働の大きな原因の1つであり社会問題にもなっている。手待ち時間とは，集荷の際の積み込み待ち，配達の際の荷卸し待ちの時間のことである。物流事業者のドライバーは，工場などで製品の仕上がりを待って，出来上がり次第積み込みを行ない，最短時間で荷卸し地へ向かう。

また，食品卸業者などの大規模な物流施設での積み卸しの場合は，到着する多数のトラックの順番待ちをするといった待機時間が発生する。このように物流事業者（ドライバー）の仕事は，荷主（顧客）の都合に左右されることが多々ある。そのため，物流事業者側の都合で効率よく連続して仕事をすることは困難なのが実情である。

大きな物流施設であっても，到着するトラックの台数や荷扱い量に対して，荷卸しのフォークリフトやオペレーターの数が絶対的に不足していたり，荷捌きを行なうスペースが手狭であるなど，荷役能力が不足しているといった

ボトルネックが見られ，着荷主の業務体制（受け入れ態勢）にも手待ち時間発生の原因がある。

更には到着するどの貨物の送り状（指示書）も「午前8時必着」の時間指定となっており，ドライバーは朝8時にとりあえず納品受付だけを行なう。そして，荷卸しは到着順（並んだ順）に行なうといった昔ながらのトラック輸送現場での慣習がある。送り状に従って「午前8時」までにお届け先に到着し，トラックは納品のために行列を作り，実際に荷卸し作業が終わるのは納品先倉庫の昼休憩を挟んで午後にずれ込むこともしばしばある。しかしながら，その際の待機料は発生せず，追加料金が支払われることはない。物流事業者がこのような非効率な状況を受け入れているのは，それが慣行だからである。繰り返しになるが，運賃を支払うのは発荷主であり着荷主ではないが，着荷主は発荷主の顧客であるので，非常に立場が強い。

結局，荷主側はいくらトラックを待たせても追加料金が発生しないので，フォークリフトオペレーターの人件費などの経費を最小限に節約する。荷主側は荷卸し作業が少々遅れても，最終的に夕方までには全作業が終了する目処が立ちさえすれば問題ない。もし急ぎの貨物があれば，行列の順番を追い越させて先に卸させれば良いのである。

このような慣行がドライバーの長時間労働の温床になっていると言える。例えば，着荷主がその日のトラックの到着台数と1台当たりの荷卸し時間から，時間ごとに到着台数を割り当てた納品スケジュールを立てれば，到着時間を遅く指定されたトラックは，出発時間を遅らせたり，途中で仮眠時間を取ることが可能になる。長い時には半日にも及ぶ手待ち時間が短縮されれば，輸送の効率化が図られる。また，荷主側も行列の待機場所の確保の課題が軽減される[8]。

すでに，2015年度のロジスティクス大賞を受賞した大塚倉庫株式会社が提唱する「ID運輸」では，配送ルート・納品条件などの情報を物流事業者と共有している。これにより，貨物の引き取りをいつ行い，配送先をどのような経路，順番で回ればよいか，物流事業者のドライバーや配車担当者の"勘と

表 6-4 設問3 物流効率化の具体策　調査結果《複数回答》

荷主（規模別）					設問	物流事業者（規模別）				
20人以下	300〜21人	301人以上	不明	総計	具体策（発着荷主協力，業界協力，行政支援，広報）（複数回答可）	10台以下	30〜11台	31台以上	不明	総計
(41)	(95)	(23)	(15)	(174)	回答数	(36)	(54)	(39)	(6)	(135)
13 31.7%	55 57.9%	6 26.1%	5 33.3%	79 45.4%	①発着荷主だけでなく着荷主の積極的な協力事例の収集	16 44.4%	18 33.3%	15 38.5%	1 16.7%	50 37.0%
9 22.0%	33 34.7%	7 30.4%	1 6.7%	50 28.7%	②物流効率化の検討に必要な好事例等を包含した資料等の作成・配布	4 11.1%	17 31.5%	10 25.6%	1 16.7%	32 23.7%
4 9.8%	24 25.3%	6 26.1%	5 33.3%	39 22.4%	③関連協会や行政サイドにおける好事例の収集及び広報	4 11.1%	13 24.1%	7 17.9%	0 0.0%	24 17.8%
7 17.1%	26 27.4%	8 34.8%	1 6.7%	42 24.1%	④物流事業者主導による物流改善のための発着荷主の協力体制の構築	9 25.0%	24 44.4%	14 35.9%	3 50.0%	50 37.0%
3 7.3%	9 9.5%	6 26.1%	2 13.3%	20 11.5%	⑤関連協会や行政サイドからの支援を得た荷主企業主導での対応の推進	6 16.7%	12 22.2%	13 33.3%	1 16.7%	32 23.7%
1 2.4%	5 5.3%	3 13.0%	1 6.7%	10 5.7%	⑥その他	1 2.8%	2 3.7%	1 2.6%	1 16.7%	5 3.7%
11 26.8%	6 6.3%	2 8.7%	6 40.0%	25 14.4%	無記入	7 19.4%	6 11.1%	1 2.6%	2 33.3%	16 11.9%

※表中の上段は件数，下段は複数回答の回答数に占める割合

経験"，"気合と根性"に頼ることなく，最適な効率でのオペレーションが可能なシステムを実現している。

　続いて，【設問3】物流効率化の具体策（発着荷主協力，業界協力，行政支援，広報）について見てみる（**表6-4**）。

荷主・物流事業者ともに，物流効率化には三者（発荷主・着荷主・物流事業者）の協力体制が必要と感じており，特に「①着荷主の積極的な協力事例」を必要としているという回答が多数である。(荷主：45.4%，物流事業者：37.0%)

特に物流事業者においては，実際に長時間労働などの問題（課題）に直面しており，改善を切望している為，「④自ら（物流事業者）が主導で…」という物流効率化への改善意識が荷主よりも強い。

第4節　物流改善の取組み事例《混載輸送（幹線輸送）の場合》

1　輸送の良循環

　荷主の最大の要求が「店着時間」(早期配達)であることは**表6-1**の荷主調査からもわかっている。では，「配達遅れ」はどのように発生するのか？　そして，どこに原因があるか？「配達遅れ」は，すべて物流事業者側に責任があるのだろうか？　物流事業者の企業努力だけでカバーする事ができるのだろうか？　という点について考えてみる。

　「配達遅れ」は，天候や道路状況など外的要因で発生することはもちろんあるが，今回は発荷主から出荷されたモノが物流事業者により着荷主に届けられるまでの工程において，「配達遅れ」に繋がるどのような原因が考えられるかを探ってみる。

　「配達遅れ」が発生するまでの工程を順にさかのぼってみる。

　①配達が遅れる

　　↑

　②配達店への幹線到着が遅れる。

　　↑

　③発送店からの幹線出発が遅れる。

　　↑

　④集荷が遅れ，帰店が遅れる。

　　↑

第6章 着荷主の動向分析　163

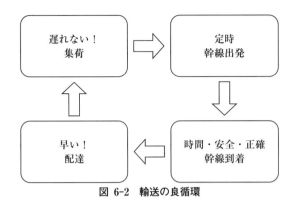

図 6-2　輸送の良循環

⑤集荷時間の遅れ（発荷主の出荷時間が遅れる/集荷の前の配達が遅れる）

　発荷主の出荷時間のわずかな遅れが，工程を重ねて着荷主への配達遅れに影響していると言える。もしくは更に前工程の配達遅れが原因かもしれない。輸送は循環しており，常に前工程が次工程に影響を与えているのである。

　早い配達を行なうには，早い幹線到着，早い幹線出発，そして早い集荷，更にはその前工程の早い配達といった循環が必要となる。

　物流事業者でCS向上の為に取り組んでいる，安定した輸送サイクル『輸送の良循環』の実現の取り組みを紹介する。

　『輸送の良循環』を崩さないためのものさし(指標)として，以下の5項目をもって取り組みの進捗状況を把握している。

1）幹線の出発時間

　幹線便の出発時間の定時性(もしくは前倒し)を保つため，各月ごとの物量動向(繁閑)を考慮した幹線出発時間の目標設定を行ない，早い幹線出発を目指す。

　重厚長大商品・ロット商品(1原票1トン以上の商品)等の「貸切/積み合せ貸切」への切り替えを行ない，プラットホーム上の混雑を緩和する。

2）600 km 圏内　1A（午前中配達）完了率　90%以上

　発送店から着地までの距離が600 km圏内のうち，1A配達エリア[9]に到着

した原票枚数のうち，受付日の翌日午前中に配達完了した原票枚数の比率を90％以上とする。

3）集荷催促の削減

集荷依頼のあった荷主（定期集荷先も含む）からの集荷時間の催促件数を削減する。定期集荷先についても，定時の集荷時間に集荷に来なければ荷主から催促が入るため，前の集荷先で時間を要しているなどの理由で集荷が遅れる際には集荷予測時間を連絡するなど，荷主とのコミュニケーションが必要となる。

4）集配ドライバーの時間当たり生産性向上

手待ち時間の削減や集荷時間の前倒しを図り，労働時間の適正化を図り，物量に合わせた人員体制を整える。

付帯作業の見直し，及び有償化により適正運賃の収受を目指す。

5）幹線到着車両の荷卸し待機率

幹線の到着が集中する早朝に，幹線到着車両の荷卸し待機を発生させない（30分以内）体制づくりを行なう。荷卸し待機とは，配達店に到着しているが，既に到着している車両が荷卸し中の為，バースに接岸できず荷卸しができない状態である。

荷卸し待機の発生を抑制するということは，荷卸しの所要時間の短縮を図り，回転率を上げるということである。そのためには，（1．人員，2．台車，3．スペース）の確保を考えなければならない。

人員の確保については，シフトや配置，休憩時間の配置などにより，必要な時間帯に必要な人数を充てることを考える。荷卸しバースの数を増やすことで，一度に大量の貨物を荷卸しすることが可能になるが，仕分ける能力が追い付かなくなり，未仕分け貨物がプラットホーム上に滞留してしまい，荷卸しに使用する台車が不足して荷卸しが滞ってしまう。つまり，台車の数・人員の数（仕分け能力）を考慮した荷卸しバースの解放／制限をバランス良く行う必要がある。

また，集配車両への宵積みや，ロット商品（パレット貨物）のプラットホーム

下への移動・整理等を行ない，プラットホーム上のスペースを確保して荷卸しや仕分けのしやすい環境を整える。仕分け人員の配置・荷卸し台車の確保・ホームの整理（スペース確保）を実施し荷卸し時間の短縮を図ることで回転率を上げ，荷卸し待機時間の解消を行なう。

『輸送の良循環』は，物流事業者の取り組みだけではなく，顧客（荷主）の協力も必要不可欠である。荷主と十分なコミュニケーションを取り，協力要請を行なっていく必要がある。

・出荷時間の前倒し（締め切り時間の厳守）
・付帯作業の見直し（1. ピッキング作業　2. 荷札貼付作業　3. 納品書貼付作業など）

荷主との協力体制の構築により，輸送の良循環をさらに進化させ相互の業務効率化を実現している。

2　商品事故の防止（梱包改善）

前述**表6-1**の「着荷主としての物流サービスへの要求」の回答上位に，段ボール等の汚れ・キズへの配慮要請がある。特に卸売・小売業においては45％の着荷主が配慮要請している。納品時の検品により，外装に汚れや傷（シワ程度も含む）が原因で受け取りを拒否されることがある。場合によっては物流事業者に対して，該当商品の買い取りや，無償での代替品輸送が要求されることもある。

どんなに輸送中に気を付けていても，外装にシワがついてしまうことがある。これは外装（梱包材）の強度が原因の場合もある。

例えば，化粧箱に入った商品を梱包材で梱包されたものを配達した際に，その外装にシワが認められた。そして，その外装のシワを理由に中の化粧箱の状態を確認する事なく商品事故として着荷主に受け取りを拒否されたとする。この場合，着荷主の認識は「外装も商品の一部である」から外装のシワも商品事故であるというものである。しかし，それは梱包なしの『裸』の状態で輸送していることと同じである。『裸』の状態での輸送では，一定の割合

で損害が生じてしまう．従って物流事業者としては，荷主の大切な商品を守るために，現在の外装の上に"更なる梱包"をしてもらうしかない．もしくは，それが叶わないなら，外装破損のみによる賠償は対応できないと言わざるを得ない．

本来，外装は少し傷がついたり汚れたりすることにより，中の商品を守っているのである．そこで，外装破損のみで商品事故として受取拒否や返品，代替品出荷となることを防止するため，物流事業者は荷主に対して十分な説明を行ない，梱包改善や免責等の提案・協力要請を行なっている．

他にもパレット商品では，貨物自体の重さでつぶれることを防ぐため段と段の間に緩衝材を入れたり，ラップ巻きの締め付けによるシワを未然に防ぐためコーナーガードをつけるなどの商品事故予防策の提案を行なっている．また，ロット物は貸切便やカーゴテナー輸送便などを利用し，他の商品との接触のリスクを抑える輸送モードの提案も行なっている．

このような商品事故防止の取り組みは，荷主の商品を守りつつ，事業者自身を守り，効率的な輸送に繋がる．

3　EDI化促進の取組み

商取引にEDI（Electronic Data Interchange：電子データ交換）を導入することで得られる一般的なメリットには以下のようなものが挙げられる．

- 業務のスピードアップ
- 人的ミスの削減
- 業務効率アップ
- サプライヤーとの連携強化（ビジネスチャンスの拡大）
- コストの削減

流通分野における荷主側と物流事業者側それぞれのEDI導入のメリットについてまとめてみる．

≪荷主側≫
- 原票作成の手間やコストの削減，及び原票印刷によるドライバーの誤読

や誤配の防止
- 物流事業者へ出荷情報を電子データで正確に受け渡すことで，誤配送・荷受トラブル・運賃違算などを抑制・防止
- 物流事業者へ集荷情報や物量の出荷データの事前送信により積み残しや出荷遅延を防止
- 物流事業者システムと自社後方システムとの連携を行ない，入力作業の削減や業務の自動化を実現
- 未着や配送遅延情報，荷物事故情報をタイムリーに把握することで，販売先への事前連絡，荷物事故による代替品手配などの早期対応が可能

≪物流事業者側≫
- 集荷時における集配入力端末による原票登録作業の大幅短縮
- 原票情報のオンライン登録による人的ミスの防止
- 荷主とのデータ連携により，サービスレベルの向上，及び他社への流出防止・顧客の囲い込み効果やシェアアップ等のビジネス拡大効果
- 輸送情報の提供により荷主からの問い合わせの削減，及びオンライン参照により問い合わせ対応作業の軽減

荷主から物流事業者への問い合わせには，配達予定時間や配達完了確認などの配達状況の照会や運賃情報・請求情報に関する照会が多くある。このような問い合わせに対して，毎日多くの貨物を取り扱う物流事業者は，送り状番号をキーに照会をかける。その際，送り状がデータ化（EDI化）されている事によりタイムリーな対応が可能となり，荷主・物流事業者双方の業務効率化（スピードUP）を図ることができる。併せて，着荷主は物流事業者のシステムに事前登録することで，「いつ」「どこから」「どれだけ」貨物が届くかをWEBから照会することが可能である。配達予定時間については20分単位で案内が可能であり，商品の輸送状況を可視化することで，着荷主の次工程の計画にもつながる。

4 物流事業者のシステムを活用したソリューション事例

配送状況の可視化による CS (customer satisfaction) 向上

物流事業者（以下，S社とする）がガラスのトップメーカー（以下，A社とする）に対して行なったシステムソリューション事例がある。

A社は「ガラス製造」を中核事業とし，「ガラス建材事業」「輸送機材事業」「ディスプレイ事業」「ガラス繊維事業」の5事業を展開している。

そのうち，S社はガラス建材事業のロジスティクス改革の取り組みに参画し，「配送状況の可視化によるCS向上」実現のため，システム構築を実施した。

≪システム導入の背景≫

①A社のガラス建材事業の物流テリトリーは，千葉事業所を中心に北海道から九州まで全国に点在しており，取引輸送業者も多数ある。

②取り扱い製品が，住宅用ガラスが単板ガラスから複層ガラスなどへの「機能商品化」が進み，それに伴いロジスティクス面では，「小ロット・多頻度納入」の傾向にある。

③ガラスの高機能化により，素板ガラス工場→加工拠点→現場のように，加工拠点を経由するようになり「煩雑化」してきている。

④メーカーから卸を経由せずに2次店へ直送するといった「商物分離」の傾向にある。

これらのロジスティクスの変化に対応するため，S社はTMS（輸配送管理システム）ソリューションの導入を提案した。

≪A社の抱える課題と提案≫

課題1：物流クレームへの対応

受注センターでは，クレーム（特に破損事故の）が入った後での対応になってしまっている。原因として，破損事故の状況把握精度が低い，事故発生状況が不明確，事故処理に時間が掛かる，事故処理の原因追及精度が低い，などがある。

課題2：取引店への対応

受注センターへの配送関係の問い合わせが1日に約50〜70件程度あり，取引先から受注センターへ連絡が入った後，関係者への電話連絡を行なっているため，対応に約30分といった時間が掛かっている。

課題3：空函管理

通箱が全国に点在しており，管理が大変である。需要期になると事業所間での在庫調整などを行なうといった，後手対応となってしまっている。

≪具体的な3つの取り組み≫
①物流クレームへの迅速な対応環境の構築
②取引店へのタイムリーな対応環境の構築
③空函管理環境の構築

【システム構築の際のA社からの条件提示】
・ドライバーに掛かる負荷を最小限にする。(操作が簡単，運転中の操作は不要など)
・全運送業者のドライバーが同一のオペレーションが可能である。
・画像データの取得が可能である。

以上のことからS社はつぎのようなシステムの提案を行なった。

◆GPS機能付き携帯電話の採用
⇒設備投資が少なく，資産が膨らまない。また短期間での構築が可能である。

◆ASP[10]モデルの採用
⇒基幹システムの影響を受けない。また取引先・物流事業者まで情報共有が可能である。

◆WEBアプリケーションでの構築

≪導入効果≫

3つの取り組みに対して，システム導入の効果を検証した。

①物流クレームへの迅速な対応環境の構築について

携帯電話のカメラの利用で，破損事故の状況がリアルタイムで容易に，そして正確に把握できるようになり，クレームが入る前に対応が可能となりA

170　第二部　物流活動と商慣行の分析

図 6-3　導入システム概要

社の信頼もアップした。

②取引先へのタイムリーな対応環境の構築について

　画面を見るだけで出荷の状況が確認できて，それまで30分も掛けていた問い合わせ対応が，わずか2分になり業務効率が飛躍的に向上した。またASPサービスの利用により，問い合わせの多い取引先にはシステムを公開して，直接車両位置を確認することが可能となった。

③空函管理環境の構築について

　それまで経験や実績からの判断に頼っていたものを，システムの導入により地図上に空函の所在地が表示されるようになり，通い函在庫の目安ができるようになった。そのため，取引先での空函滞留が減少し，事業所間の通い函不足が解消され，それまで数百万単位で費やしていた通い函不足の対応費の削減につながった。

5　エコアライアンス（特積共同運行）

　現行の特積業界の輸送ネットワークにおいて，物流事業者各社が独自の路線運行を行なうため，積載率が低いまま運行している非効率な運行便が存在している。そこで「求貨求車システム」を利用し，求貨側と求車側をマッチ

第6章 着荷主の動向分析　　*171*

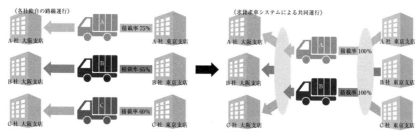

図 6-4　共同運行による積載率向上のモデル

ングして貨物を持ち寄ることにより，積載効率が向上し，エネルギー資源の有効活用と同時に路線輸送コストの削減を可能にした。

「求貨求車システム」では事業者（求貨側）は，メンバー登録を行ない運行便ごとの空スペース情報を登録し，運行便利用者（求車側）は，登録されている運行便を検索し予約する。

また共同運行の際，ユニットボックスを利用することにより，更に以下のメリットが得られる。

・作業形態や作業動線の統一化・効率化
・積替えが無くなり，輸送中の商品事故，口割れの防止
・省人化とスピードアップ
・作業員による確認不足等のヒューマンエラーの抑制
・イチイチ（1.1m×1.1m）パレットをそのまま積載可能

また，エコアライアンス株式会社では集配業務の共同配送の取組みを行なっている。都心部において台車で集配業務を行なうビジネスセンターを共同利用することにより，交通渋滞や駐車スペース，駐禁対策コストの問題をクリアし，エネルギー資源の有効活用と集配業務の定時性の確保，自社ドライバーの集配業務の効率化を促進している。

第5節　今後の着荷主のあり方への期待

1　発荷主・着荷主・物流事業者の三者間におけるコミュニケーション向上による情報と課題の共有化

　荷主にとっては自社製品を顧客に届けられない事ほど困ることは無い。

　輸送の現場に最も通じた物流事業者から物流改善のヒントを得たいと考えている荷主はいるに違いない。物流改善に役立ちそうな情報を提供してくれる物流事業者に対し，荷主は一層厚い信頼を寄せるであろう。

　物流事業者も，これまでの商慣習にとらわれることなく，手待ち時間で発生する損失や付帯作業が生む付加価値の対価を荷主にきちんと求めていく意識の転換が必要である。また，トラック輸送のノウハウ，現場に関する知識を生かし，物流効率化の提案を行なうことにより，荷主・事業者双方にとって良好な関係の構築が可能となる。

- ・「荷姿の改善」：積載効率の向上による輸送費のコストダウン，及び梱包改善による商品事故の未然防止
- ・「出荷時間の定時性（締め切り時間の厳守）」：輸送の良循環の構築により，配達遅れの防止や顧客への信頼醸成
- ・「手待ち時間の短縮」：ドライバーの労働条件の改善により，安全・正確な輸送，及びドライバー不足の解消と法令遵守

　付帯作業においても，三者間において現場における契約に基づかない付帯作業とリスク負担等について調査し，十分な協議を実施し，無償で提供してきた付帯作業についても，費用負担とリスク負担をそれぞれ書面化することが望まれる。

　定期的に話し合いの場を設け，物流事業者は無償で行なってきた付帯作業について，荷主側の直接的な利益になることを明示することにより，有償化する作業，荷主側で行なう作業を決定する。

　物流事業者にとって，契約の相手はあくまでも発荷主であり，意見・提案

は発荷主に対して行なう。三者の情報共有を実現するには，物流事業者と発荷主の間で交換された内容について，発荷主から着荷主に共有されることが必須である。

例えば物流事業者では，年末や年度末などの繁忙期には物量の輻輳を緩和するため，大口の発荷主に対して出荷の前倒し，及び出荷計画書の提出などの協力依頼する。併せて，繁忙期には通常通りのお届けができない旨を事前に案内している。その際に，発荷主から着荷主（販売先）に対してもその旨を伝えてもらうよう依頼している。着荷主にも理解を求めることで，着荷主からの要求の緩和に努めている。

2　行政による後押し（法令・制度への認知度向上，広報活動）

このような方策は，マーケットメカニズムだけでは機能困難な面がある。そこで行政側の有効で適切な支援が必須となる。その内容は以下の通りである。

- 荷主企業に対するドライバーの労働環境改善の必要性の周知
- 発荷主，着荷主，物流事業者三者による物流条件等に関する情報交換の必要性の周知
- 荷主勧告制度のさらなる周知
- 運送契約における書面化の推進，具体的な運送契約の取り決めに向けた書面化ガイドラインのさらなる周知

本章では，発荷主から見た着荷主，物流事業者から見た着荷主の物流効率化に対する現状とこれからの期待について分析を進めてきた。そして，その実現には着荷主の積極的な協力が不可欠であるのは間違いないであろう。

しかしながら，物流効率化は着荷主だけの改善では実現するものではない。着荷主と共に発荷主・物流事業者もこれまでの商慣習から意識を新たにし，真の協力関係を構築する必要がある。そのためにも，行政を含めた物流分野全体でこの物流効率化に取り組んで行かなければならない。

注

1) 湯浅和夫『新しい「物流」の教科書』（PHP 研究所）p68
2) 湯浅和夫『新しい「物流」の教科書』（PHP 研究所）p70, 83, 84
3) 湯浅和夫『新しい「物流」の教科書』（PHP 研究所）p73 より
4) 輸送経済　2014.10.21 より
5) 輸送経済　2016.4.19 より
6) 下村博史：物流共同化における着荷主の役割に関する研究, 日本物流学会誌 (19), pp. 81-88, 2011
7) 国土交通省：「宅配の再配達の削減に向けた受取方法の多様化の促進に関する検討会」報告書
   http://www.mlit.go.jp/seisakutokatsu/seisakutokatsu_tk_000020.html
8) 長野潤一：「トラック運転手の長時間労働―現状と対策」流通経済大学　物流科学研究所　物流問題研究　No. 64 2015
9) 受付日翌日の午前 8 時までに配達店に到着した貨物について, 午前中配達が可能なエリア。但し,「翌日午前指定」以降の日時指定のあるものは対象から除いている。
10) ASP（application service provider）
    業務アプリケーション・ソフトウェアをはじめとする各種システム機能をネットワーク経由で提供する事業者, もしくはそのサービスのこと。また, そのようなソフトウェア提供形態（デリバリモデル), あるいはそのようなソフトウェア・サービス提供に対価を求める事業形態（ビジネスモデル）を指す場合もある。
    利用者(ユーザー企業)にとってはハードウェアやソフトウェアなどのコンピュータ資源を導入・所有しないため, 初期投資なしにアプリケーションの利用を開始できる。情報システムコストが固定費から変動費になり, アプリケーション利用の中止やサービス購入先の変更も容易となる点もメリットと言える。

参考文献

・湯浅和夫：新しい「物流」の教科書（PHP 研究所），2014
・下村博史：物流共同化における着荷主の役割に関する研究, 日本物流学会誌 (19), pp. 81-88, 2011-05
・土井義夫, 板谷雄二, 小畠信史, 荒深友良：「地域の物流需給関連における課題分析」, 日本物流学会　第 32 回全国大会　研究報告要旨集, 121-124, 2015-09
・輸送経済：2014-10-21, 2016-04-19
・国土交通省：「宅配の再配達の削減に向けた受取方法の多様化の促進に関する検討会」報告書, 2015-09
・エコアライアンス株式会社「共同運行の事例」
・長野潤一：「トラック運転手の長時間労働―現状と対策―」流通経済大学　物流科学研究所　物流問題研究 No. 64 2015 特集
・国土交通省中部運輸局自動車交通部「物流現場における課題と改善点の見える化事業調査結果の概要」2016-2-29

第三部　地域における社会的責務への対応

はじめに

　本調査は，一地域を対象とし限界的なものであるが，全国との関わり，例えば，独自性，共通性を視点に置いて分析を重ねるものとしている。とくに，物流活動の社会的責務に視座に置くことは，全国動向とかなりの共通性を期待できる。

　この責務対策の中でも，第一部「荷主企業と運送事業者との関わり」で触れたようにトラックによる事故対策がある。しかしここでは対策検討を，影響する環境条件が比較的鮮明になっている課題に絞っている。

　この環境条件として，以下の4つの事項（節）を対象とした。
　・地域における環状道路の整備
　・都市内物流への地域対策
　・地球温暖化策への地域対応
　・地方物流での中小企業対策

　第7章は「物流インフラ」とし，新設道路（環状道路）と物流にとっての難題を投げかけている都市問題で構成した。

　第8章は「地球温暖化と中小企業」とし，CO_2対策は需給全般にわたる課題であり，これに対応するには課題の多い中小企業の在り方に視点を置いた。

第7章

物流インフラ対策

　物流に関連するインフラには大別して，社会的インフラと企業インフラがある。前者にはリンクとノードがあり，道路や公共流通センターがある。後者には物流施設であるトラック関連の駐車場，荷捌き施設（個別，共同）等がある。

　これらにかかわる現状，課題，対応を探る。

第1節　地域における環状道路の整備

　環状道路の整備によって，都心に流入する自動車交通が減少すると，低迷していた都市機能が再生される。これによって，周辺の核都市間の交流が活発化し，都市圏の構造再編に通じることとなる。

　また，物流拠点が環状道路と放射道路の交点等に配備されることで，物流システムの効率化が推進され，都市物流の劇的な変革が可能になる（国土交通省）。さらにこの拠点整備で，他地域等から新企業を誘致し，地域の産業・経済発展に通じることとなる。首都圏，中部圏，近畿圏はもとより，地方の大都市ではそれぞれに環状道路の整備が推進され，相応の効果を発揮している。

1　首都圏環状道路の整備状況とその効果

1）整備の概況

・首都圏中央連絡自動車道（圏央道），半径40〜60 km，延長300 km（木更

津～釜利里, 事業費 3.5 兆円) である。
・完成目標；2021 年度
  2) その効果と影響の実際
・圏央道をにらんで各地にあった生産施設を集約する動きもある (プラスチック成型等)
・物流の効率化；物流所要時間の短縮, 物流ネットワークの充実
・流通の効率化；通販拡大に対応, 食品スーパーの出店支援, 施設構成・機能にかかわるコンサル業務の発生 (東急リバブルと日通総研で)
・国際化への対応；成田空港アクセスの向上, 大規模物流施設の国際化 (香港の GL プロパティーズの進出等)
・地域産業, 経済へのインパクト；地域活性化支援, 多様な拠点の整備, 就業機会の増加, 倉庫の整備 (三井不動産, 従業員の確保容易)

2 東海道環状道西回りの整備
  1) 整備の概況

　国道 475 号東海環状自動車道は, 名古屋市の周辺 30～40 km 圏に位置する愛知・岐阜・三重 3 県の豊田・瀬戸・土岐・関・岐阜・大垣・四日市等の諸都市を環状に連絡し, 新東名・新名神高速道路, 東名・名神高速道路や中央自動車道・東海北陸自動車道等と広域的なネットワークを形成する延長約 160 km の高規格幹線道路である。

　現在, 東回り (豊田東 JCT～関広見 IC) の延長約 80 km の区間が開通している。西回り区間のうち, 関～養老までの延長約 44 km は, 平成 8 年に都市計画決定され, 平成 20 年の完成を目標としていたが, 工事中の大垣地区をはじめ, 各地区で事業を進めているところである。なお岐阜県では, 75 km (美濃加茂市・加茂郡八百津町境～岐阜・三重県境) を管轄している。

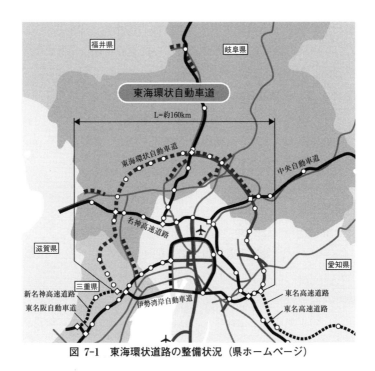

図 7-1 東海環状道路の整備状況（県ホームページ）

2）東海環状自動車道整備による効果

この整備による効果は，物流所要時間の短縮・ネットワークの充実，混雑緩和，地域活性化の支援を目標としている。関連する物流拠点の整備等である（図7-1）。

3）拠点整備にかかわる事例

本事例として地元大手物流企業の対応方を追う。

⑴　西濃運輸株式会社の対応状況
・該当地域の多くを管轄するセイノーホールディングス株式会社の輸送グループ「東海西濃運輸株式会社」がよりレベルの高い物流サービスの提供を目指し，2003年より効率的な拠点集約を計画。
・日本全国へ運送に適した新たな拠点として，多治見支店・土岐支店を統

合し，中央自動車道に直結する東海環状自動車道・土岐南多治見 IC に程近い場所に，東海西濃運輸株式会社の新本社及び岐阜東濃支店新築移転を計画。

- 2010 年 1 月　本社及び多治見支店，土岐支店を統合
　　　　　　　　本社，岐阜東濃支店を新築移転
- 立地：岐阜県土岐市下石町西山 304-912
- 規模：敷地面積　34,106.56 m^2（約 10,317 坪）
　　　　延床面積　9,311.46 m^2
- 取得方法：購入
- プラットホーム：152 m×34 m　5,168 m^2（約 1,566 坪）
　　　　　　　　　大型車両接車台数：63 台
　　　　　　　　　小型，中型車両接車台数：40 台

(2)　濃飛倉庫運輸株式会社の対応状況

- 沿線沿いの用地取得予定はなく，沿線からやや離れた場に取得済み。
- 2015 年 3 月竣工
- 立地：岐阜県養老郡養老町船附字村前東 562 番-1
- 規模：鉄骨造 2 階建／新耐震構造／敷地面積 20,782.78 m^2（約 6,300 坪）／延床面積 12,233.48 m^2（約 3,700 坪）
- 取得方法：購入
- 集配機能具備
- ターミナル：1,463.04 m^2（約 442 坪）／両面バース／高床式／庇長さ 20 m
　　　　　　　大型・コンテナ車両接車台数：15 台
　　　　　　　小型，中型車両接車台数：13 台
- 保管機能具備
　倉庫面積：6,848.65 m^2（約 2,100 坪）／片面バース／高床式
　　内訳　1 階：2,240.93 m^2（約　700 坪）
　　　　　2 階：4,607.72 m^2（約 1,400 坪）
- 流通加工機能具備

面積：180 m² (約 55 坪)

裁断機 2 台，コンプレッサー 1 台，梱包機 1 台，デジタル台秤 1 台

・その他機能（国際化対策等）

大型・コンテナ車両接車台数 15 台，ドックレベラー 13 基，クライミングレベラー 1 基，エレベーター 1 基，垂直搬送機 2 基，防犯カメラ

3　環状道西回りの整備に関する地域の期待事項

岐阜県での企業調査内容を列挙しよう。

1）一般に期待される基本事項

以下のとおりである。

- 高速道路ネットワークが複数になる事で輻輳の緩和および定時性の向上
- 到着時間の短縮による労働時間の短縮（トラック輸送）
- 発着地を結ぶ代替的システムの構築による緊急時への対応
- 港湾（名古屋港・四日市港）地区や背後圏への物流の効率化
- 中部地区から関西地区までの物流商圏の拡大
- 物流センターの効率的な配置と運営

2）県内企業の意向調査結果

岐阜県内の物流に関わる荷主，運送事業者に対して本件についての以下の意向調査を行った（表 7-1）。

①調査に関する基本事項

「物流の円滑化」や「物流ネットワーク形成」，そして「地域経済の発展」に関する意向等を調査項目とする。（複数選択可）

②全般の調査結果の特徴

- 荷主，業者共に「物流円滑化に効果あり」とする意向が強い
- 次いで「地域物流ネットワークの整備」としている。ともに荷主の意向が業者を上回っている。
- また，「企業誘致による地域発展」については，業者からの期待が少なく

表 7-1 地域調査（全般）

標題 （選択肢）		荷主		業者		順位	
		件数	割合	件数	割合	荷主	業者
1	関心なし	42	24.1%	36	20.7%	3	4
2	物流円滑化に効果	74	42.5	64	36.8	1	1
3	地域物流ネットワーク整備	47	27.0	40	23.0	2	2
4	企業誘致による地域発展	36	20.7	37	21.3	4	3
5	その他	8	4.6	5	2.9	5	5
記入（2～4の計）		157	90.2	141	104.4		
無 記 入		16	9.2	5	2.9		
計		174		135			

ないことを示している。物量の増加を期待していること等によるものであろう。

・この「地域発展」という基本課題に対して意向の高い，物流業界での意向を積極的に取りまとめ，環状道路整備の推進を計るべきであろう。

③業種別（荷主では顧客の業種と自社の業種とが混合）調査結果

以下主要な選択肢について業種の特徴を追う（表7-2）。

・総じて荷主の建設業界，業者の下請け業界（物流業）で高い。元請けよりも本整備に対する意向の高いのが特徴である。現場の声を反映しているのであろう。

・「物流円滑化」に対しては，荷主の建設業界で高くこの分野の特性を反映している。また，業者では下請け業界（物流業）で高い。

・「地域物流 NW 整備」についても同様である。

・また，基本課題である「企業誘致による地域発展」に対する期待を寄せているのは，建設業関連の荷主，下請けの物流業者であり，建設業関連の荷主が本整備を主導するのが自然であろう。

④規模別調査結果（表7-3）

・総じて荷主，業者共に大手企業ほどこの課題に対する関心が高い。

表 7-2 地域調査（業種別）

荷主の構成比				選択肢	業者の構成比				
製造業	流通業	建設業, 他	合計（件数）		製造・流通業	物流業	建設業, 他	不明	合計（件数）
32.9%	23.3%	18.2%	26.6%(42)	関心なし	33.3%	28.2%	24.1%	0.0%	27.7%(36)
41.5%	53.3%	54.5%	46.8%(74)	物流円滑化に効果	40.7%	52.1%	48.3%	66.7%	49.2%(64)
30.5%	20.0%	36.4%	29.7%(47)	地域物流NW整備	29.8%	35.2%	20.7%	33.3%	30.8%
19.5%	20.0%	27.3%	21.5%(34)	企業誘致による地域発展	25.9%	31.0%	27.6%	0.0%	28.5%(37)
3.7%	3.3%	8.8%	5.1%(8)	その他	3.7%	2.8%	6.9%	0.0%	3.8%(5)
93.2%	93.8%	89.8%	90.8%(158)	記入	100.0%	100.0%	90.6%	60.0%	96.3%(130)
6.8%	6.3%	10.2%	9.2%(16)	無記入	0.0%	0.0%	9.4%	40.0%	3.7%(5)
88	32	49	174	件数計	27	71	32	5	135

・「物流円滑化」「地域物流 NW」に対し，荷主では規模に関連無く意向が高く，業者では大手での意向が高い。
・基本課題の「企業誘致地域発展」に対しては，荷主・業者ともに大手企業ほど関心が高い。

4　業界から行政への提起

・乱発を避け，用地開発の効用を向上する等の主導は大手荷主，その関連企業や大手物流業が担うことが実効につながる。
・行政から産業界へは大手に対して中小企業の育成への協力を提起する。
・その他組織課題として，地元県庁の対応を見える化する。また中部地域を中心として，運輸行政と道路行政の一元化をはかる。

表 7-3 地域調査（規模別）

荷主の構成比					選択肢	業者の構成比				
301人以上	300〜21人	20人以下	層別不明分	計(件数)		31台以上	30〜11	10台以下	層別不明	計(件数)
31.8%	26.1%	28.6%	11.1%	26.2%(42)	関心なし	19.0%	21.1%	41.2%	75.0%	27.7%(36)
45.5%	50.0%	40.0%	44.4%	46.8%(74)	物流円滑化	59.5%	38.0%	38.2%	25.0%	49.2%(64)
31.8%	32.6%	20.0%	33.3%	29.7%(47)	地域物流bbNW	61.9%	22.5%	29.4%	25.0%	30.8%(40)
27.3%	22.8%	22.9%	11.1%	22.8%(36)	企業誘致地域発展	52.4%	18.3%	35.3%	25.0%	28.5%(37)
0.0%	5.4%	2.9%	22.2%	5.1%(8)	その他	4.8%	5.6%	0%	0%	3.8%(5)
95.7%	96.8	85.4%	60.0%	90.8%(158)	記入	100%	98.6%	94.4%	66.7%.	96.3%(130)
4.3%	3.2%	14.6%	40.0%	9.2%(16)	無記入	0%	1.4%	5.6%	33.3%	3.7%(5)
23	95	41	15.	174	件数計	21	72	36	6	35

第2節　都市内物流への地域対策

　今日，都市そのものの在り方が問われている。コンパクトシティやスマートシティ等で代表される主張がある。コンパクトシティは都市機能の近接化により，歩いて暮らせる集約型まちづくりの実現を指向する。医療施設，社会福祉施設，教育文化施設等がこの都市のコアとなり，施設の集約地域への移転を促進する。

　また，スマートシティは情報通信技術（ICT）や環境技術などの先端技術を用いて社会インフラを効率化・高度化した都市や地域を指すものである。

　これらの視点を踏まえ，都市物流の在り方を追求する。

1 都市内物流の特徴

1）都市内物流の構造

都市内物流は時間帯や地域による集中が顕著であり，効率化を阻害している。

とくに問題となっている施設は高層施設や地下街への集配である。

その他，物流拠点には以下のような諸施設があり，そのためのシステム改善や構築が欠かせない。

・物流発生源；工場，卸施設，集配センター
・物流到着先；工場，卸施設，小売施設，集配センター，住宅
・物流施設；トラック；駐車場，荷捌き施設（個別，共同）

2）都市内輸配送の非効率性

以下のような課題が存在している。

(1) 需要面
・在庫レス対策のための多頻度輸送
・荷受け・駐車設備の不備
・駐車施設の高さ・曲率の不適
・納品の待ちの長さ・路上待の存在

(2) 供給面
・共同集配の遅滞，中小企業での非効率
・自営転換，商物分離の限界

3）都市内物流の基本政策

・物流に関するマスタープラン策定。
・排出ガス削減のための環境政策と物流 TDM（交通需要マネジメント）。
・交通改善の地域設定
・電気自動車・ハイブリッド車等の低公害車利用促進と公的補助。

4）環境改善と物流 TDM

・適切な位置に必要十分な物流用地の確保。
・施設の適正な立地誘導への政策の導入。

・周辺土地利用との調整と他の都市機能との一体的整備。
5）物流拠点の整備促進
・立地施設の要件緩和や多目的な都市機能の充実，助成制度の拡充。
・中小規模の都市内集配拠点のきめ細かな整備。
6）荷捌き施設の付置義務化と路上荷捌きスペース
・大規模な建築物への荷捌き施設設置義務と小規模な建築物への共同荷捌きスペースの設置・トラックベイの整備
7）輸配送等の共同化の推進（集配施設，一括輸送）
8）社会的費用の負担とモラルの向上
・外部不経済の内部化のための社会的・経済的枠組みの確立。
・物流活動による社会的費用の適切な負担。
9）関連条例の制定；駐車条例，環境保全条例　等
（例）東京都駐車場条例

特定用途の延べ床面積の合計が 2,000 m^2 を超える建築物は，下表の基準面積で除した数値以上の台数を最高 10 台まで荷捌き駐車施設の駐車附置義務として定められている。

○　駐車場整備地区等
　　百貨店　事務所　倉庫　その他　　対象面積；2000 m^2
　　基準面積；百貨店 2,500　事務所 5,500　倉庫 2,000
　　その他 3,500
○　周辺地区等
　　対象面積；3000 m^2，基準面積；7,000
○　その駐車場は原則として長さ 7.7 m，幅 3.0 m，はり下の高さ 3.0 m
○　この都市環境に関する条例
　　―環境確保条例（'15.10, 東京都他）―
　　　PM（粒子状物資）排出基準に適合しないディーゼル車の運行禁止。
　　　　・知事の指定する PM 減少装置の装着
　　　　・違反車の運行禁止，従わないときは氏名公表，50 万円以下の罰金。

2 都市内輸配送の共同化事例（図7-2）
1）荷捌き施設の確保や共同輸配送手数料等のコスト対策例
　　―このためには事業者のコンセンサスの形成が必要―
【事例】
○　武蔵野市・吉祥寺（検討中）
　・吉祥寺では，駅周辺の荷捌き対策に対して現状物流事業者が負担している対策費用等を関係者（行政，収益事業の実施による収益，地元商業団体，物流事業者）が運営費として負担する方策について検討を行っている。
○　横浜・元町商店街
　・元町商店街では，共同配送の実施時に必要となる貨物用荷捌き場所を商店会が確保し，共同配送実施事業者に提供している。
　・また，共同配送実施事業者に対して，商店会から業務委託費として資金提供を行い，円滑な取り組みを図っている。この資金については，商店会が運営する駐車場運営等による収入を充てることが可能となっている。
○　路線集配の共同配送
　・東京路線トラック協議会では，共同輸配送とその他収益事業を実施することで低廉な共同輸配送手数料で対応できる。この共同輸配送を提供する事業会社を平成18年に設立した。共同輸配送を実施する場所（ビルや

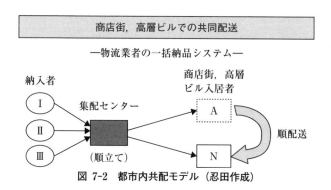

図 7-2　都市内共配モデル（忍田作成）

商店街）において，他のサービスを同時に提供しながら共同輸配送コストに還元し，低廉で高品質な共同輸配送サービスを提供するものである。

2）物流発生源への対策例

○「さいたま新都心共同配送システム」
【経緯】H10年7月に「さいたま新都心共同配送システム研究会」を発足。
【開始時期】H12年3月
【業務概要】共同輸送拠点を設け，低公害車により1日5回配達する。
共同輸送拠点：さいたま新都心地区から約7km離れた新幹線高架線下の空き地）高層ビルにはビル内縦持専従スタッフを配置し，縦持ち配達／集荷を実施。
【主体】さいたま新都心共同輸送（株）（さいたま市北区今羽町92）140円／個
【今後の課題】―集配拠点と輸配送先が遠い
―地域の理解と一般貨物事業者への参加呼びかけ
―ビル内の荷捌き施設および荷物保管施設の確保

○「地域共配（西新宿地区；摩天楼スタッフ便）」
【開始時期】H4年
【業務概要】西新宿地区へ輸配送する日本通運，西濃運輸，福山通運の荷物を摩天楼センター（新宿南口近く）をストックポイントとして荷物を集め，ここから2トン車（CNG車）で各ビルへ一括配送する。午前：3～5便，午後：1便。その後配送用カーゴテナー回収　各ビルでは縦持ちスタッフが各フロアへ配送建物内配送要員（縦持ち配送）とセンター／ビル間の横持ち配送を分業。
【主体】協同組合新宿摩天楼　180円／個
【メリット】配送業務の効率化

○「商店街の共配（横浜市，元町）」
【経緯】平成11年度に「元町商店街における交通環境改善プロジェクト」を設置
【検討メンバー】商店街，住民，運送会社（団体），管理者（警察），行政（横

浜市），オブザーバー（国交省等）

【開始時期】H16年6月

【業務概要】商店街から5分程のところに共同集配送センターを設置。センターに全ての荷物を集約し，仕分け（町名別等）しカーゴテナーへ積み込む。

共同配送車輌（天然ガス自動車）で「エコカーゴステーション」（3ヵ所設置へ運搬し，各店舗へは台車で運搬・集配送を行う。

【主体】共同組合元町SS会，藤木興業（配送事業者）

150円／個（基本的に委託する物流事業者がコスト負担。）

【メリット】個別集配送に比べて少ない車両での集配送が可能

【実施に至るまでの課題】利害関係がない事業者を選定し，参加事業者を増やすことにつながった。

○「地域共配（博多天神地区：イエローバード）」

【経緯】昭和53年2月に発足した事業（第1次システム）を改良するため，「天神地区交通・輸送問題懇談会」を設立し，「天神地区共同輸送システムの再構築方策」を策定。配送だけでなく集荷も業務範囲に加える。また，共同出資会社「天神地区共同輸送㈱」を設立し，経営体制を強化。

【開始時期】昭和53年（現在のシステムは平成6年9月～）

【業務概要】市役所や百貨店等が集約する福岡・天神地区に発着する貨物を集約し，天神地区共同輸送（株）が一括輸配送を行う。主体／

【主体】天神地区共同輸送（株）

【参加運送事業者】36社　160円／個

【課題】集配時の駐車場所の確保，条例制定による長期的な施設整備

「福岡市迷惑駐車の防止に関する条例（平成6年10月1日施行）」

「福岡市建築物における駐車施設の附置に関する条例（平成9年7月日施行）」福岡県警は貨物車専用パーキングメーターを設置し，共同配送を支援。

3）路上荷捌きスペースへの対策例

○「路上荷捌きスペースの確保（東京，渋谷地域）」
【開始時期】平成 12 年に社会実験を実施。
【業務概要】平成 12 年：パーキングメーターや既存駐車場を活用し，路上荷捌きスペース（5 区間 69 台分），路外荷捌きスペース（10 箇所 19 台分）を設置
一般車輌向けにはカーナビを利用した駐車場案内・誘導サービスを開始
平成 14 年～：渋谷スマートパーキング社会実験（一般車輌向け）
【主体】東京都
【課題】一路上及び路外に用意した駐車スペースの維持方法；一般車輌が利用しているため，貨物車が止められないケースがある。⇒ボランティアによる荷さばきスペースを巡回，駐車時間を指導

○「時間指定による駐車スペースの確保（東京，日本橋：トラックタイムプラン）」
【開始時期】平成 7 年
【業務概要】路上駐車を解消するため，以下の対策を実施。
―荷捌き駐車場等のインフラを整備
―駐車場の時間帯別利用
―貨物車専用パーキングメーターの増設
―トラックタイムプラン；貨物集配車と一般乗用車の駐車可能路線を時間により指定することで，駐車スペースの効率利用を図るもの。
（時間指定例）7 時～10 時（貨物集配車の駐車）
10 時～16 時（一般乗用車等の駐車）
16 時～19 時（貨物集配車の駐車）
【主体】東京路線トラック協議会　コスト
【運用】東京路線トラック協議会の指導車が 1 日 2 回（10：30 と 16：30）定期巡回。

○「同上（岐阜駅前商店街）」
　ほぼ同上
　【主体】岐阜駅前中央商店街振興組合
　【運用】トラックタイムプラン等前ケースとほぼ同じ。

3　地域の意向
　1）全般の調査結果
意向の特徴（表7-4）
　・「一社限界，企業連携」とする意向が，荷主，業者ともに高く過半を占め，都市物流の特徴を示している。
　・「駐車条例制定」についても共に意向を寄せているが，比較的荷主の意向が高い。
　・「トラックの路上荷捌き施設整備（待機トラック用駐車場）」，「業務用車両の優先」については荷主よりも業者の意向が高いのは頷けよう。
　・この都市物流に関しては，総じて荷主よりも業者の問題意識が高いのは当然で，不断の苦労の表れといえる。
　2）業種別の調査結果（表7-5）
　・総じて本件に意向の高い業種は，荷主で「製造業」「流通業」，業者では

表7-4　地域調査（全般）

	標題	荷主		業者		順位	
		件数	割合	件数	割合	荷主	業者
1	一社限界，企業連携	91	52.3	68	50.4	1	1
2	待機トラック用駐車場	50	26.7	65	46.1	3	2
3	駐車条例制定	42	29.1	38	28.1	2	4
4	業務用車両の優先	27	15.5	40	29.6	4	3
5	問題なし	16	9.2	4	3.0	5	5
6	その他	2	1.1	2	1.5	6	6
無	記入	19	10.9	7	5.2		
	計	174		135			

表 7-5 地域調査（業種別）

荷主の構成比					選択肢	業者の構成比				
製造業	流通業	建設業,他	不明	合計(件数)		製造・流通業	物流業	建設業,他	不明	合計(件数)
64.6%	56.7%	48.8%	50.0%	52.3 (91)	企業連携	46.7%	58.0%	46.7%	66.7%	53.1% (66)
34.7%	26.7%	31.7%	50.0%	32.3% (50)	貨車駐車場	38.5%	56.5%	46.7%	66.7%	50.8% (65)
25.0%	40.0%	22.0%	0.0%	27.1% (42)	駐車条例	23.1%	33.3%	23.3%	66.7%	29.7% (38)
18.3%	13.3%	19.5%	0.0%	17.4% (27)	業務車優先	30.8%	34.8%	26.7%	0.0%	31.3% (40)
6.1%	6.7%	19.5%	50.0%	10.3% (16)	問題なし	0.0%	1.4%	10.0%	0.0%	3.1%
2.4%	0.0%	0.0%	0.0%	1.3% (2)	その他	3.8%	1.4%	0.0%	0.0%	1.6% (2)
93.2%	93.8%	83.7	40.0%	89.1% (155)	記入	96.3%	97.2%	93.8%	60.0%	94.8% (128)
6.8%	6.3%	16.3%	60.0%	10.9% (19)	無記入	3.7%	2.8%	6.3%	40.0%	5.2% (7)
88	32	49	5	174	件数計	27	71	32	5	135

「製造業・流通業」そして「下請け業者（物流業）」である。共に日々のオペレーションで悩まされている分野だけに，当然である。

- 意向の高い「一社限界，企業連携」に対しては，荷主で「製造業」「流通業」，業者では「下請け業者（物流業）」と，全体傾向と符合している。
- 「トラックの路上荷捌き施設整備(待機トラック用駐車場)」・「駐車条例制定」に対してもほぼ同様の傾向を示している。
- 業者の意向が高い「業務車優先」については，全業者で同様である。

3）規模別調査結果（表7-6）

- 荷主，業界共に「企業連携」には企業規模の如何にかかわらず，極めて高い認識を示している。
- 荷主では全般に，企業規模の如何による意向の差異は認めがたい。

表 7-6 地域調査（規模別）

荷主の構成比					選択肢	業者の構成比				
301人以上	300〜21人	20人以下	層別不明分	計（件数）		31台以上	30〜11	10台以下	層別不明分	計（件数）
50.0%	63.3%	47.1%	77.8%	58.7%(91)	企業連携	90.5%	44.9%	44.1%	75.0%	53.1%(68)
36.4%	34.4%	26.5%	22.2%	32.3%(50)	駐車場	100.0%	39.1%	50.0%	0%	50.8%(66)
31.8%	32.2%	8.8%	33.3%	27.1%(42)	駐車条例制定	61.9%	26.1%	20.6%	0%	29.7%(38)
18.2%	17.8%	14.7%	22.2%	17.4%(27)	業務用車両優先	57.1%	20.3%	36.2%	25.0%	31.3%(40)
18.2%	6.7%	17.6%	0.0%	10.3%(16)	問題なし	4.8%	0%	8.8%	0%	3.1%(4)
0.0%	2.2%	0.0%	0.0%	1.3%2	その他	4.8%	0%	0%	25.0%	1.6%(2)
95.7%	94.7%	82.9%	60.0%	89.1%(155)	記入	100.0%	95.8%	94.4%	66.7%	94.8%(128)
4.3%	5.3%	17.1%	40.0%	10.9%(19)	無記入	0%	4.2%	5.6%	33.3%	5.2%(7)
23	95	41	15.	174	件数計	21	72	36	6	135

・業界ではすべての施策に，大手物流業が高い関心を示しており，荷主分野を含めて全体を主導することに実効のあることを示している。

4 対策の提起

・産業界からの対応には限界があり，行政，特に地方行政の対策が必至となっている。

・この内容は，関連条例の制定や連携事例の収集であり，それらの広報である。

・産業界特に物流業界において，下請け業者から現場の声を聴き，加えて大手物流企業には事例収集，物流ロスの数値化を追求し，その結果を荷

主や行政側に提起することが求められる。

参考文献

- 朝日新聞（25面 '14.6.13。23面 '14.6.27。25面 '14.6.28,）
- 日経新聞（35面 '14.6.28, 11面 '14.8.19, 13面 '15.3.6, 20面 '15.11.6 35面。'16.1.3）
- カーゴニュース（3面 '15.3.26。13面 '15.6.9。）
- 鎌倉タウンニュース（1面 '15.3.5,）

- 第23回運輸政策コロキウム「都市内物流の集配送の効率化方策」（平成10年8月3日，運輸政策研究所,）
- 「都市計画数理」(1986, 谷村秀彦，越塚武志　他，朝倉書店)
- 「付加価値創造のロジスティクス」(1999, 苦瀬博仁，税務経理協会)
- 「シティロジスティクス」(2001, 谷口栄一, 根本敏則, 森北出版)
- 「都市内物流トータルプラン」（平成19年3月, 国交省, 都市内物流の効率化に関する研究会）

第8章 地球温暖化策と中小企業策

　物流活動が当面するCSR（企業の社会的責任）の大きな課題にはCO2対策がある。また，物流活動の基幹を担うのはその90％以上を占める中小企業であり，温暖化対策の成否を握っているともいえる。しかし，CSR対応には課題が多く，この支援を担う行政との関わりが深い。

第1節　地球温暖化策への地域対応

　温暖化対策への全員参加を約したグローバルな「2015年パリ協定」が約された。日米欧等の先進国は'25〜30年までに数値目標を約し，中国，インド等はGDPあたりの排出量の改善を約束した。産業革命以前より平均気温を「1.5度以内に抑える」を目標としたものである。
　物流活動，特に輸送活動に関わる地球温暖化策は軽視し難い。この現状，課題，方策を探る。

1　地球温暖化策

1）温室ガスの国家対策（2013年度，国土交通省）
- 2030年までに2013年と比較しCO2を26％削減をパリ協定で約束
- 産業部門；6.5％減，オフィス・家庭部門；40％減
　なお，基本エネルギーは原子力20〜22％，再生エネルギー22〜24％を前提

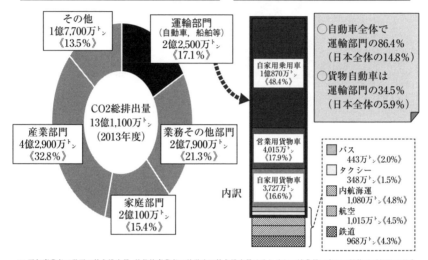

図 8-1 運輸部門における二酸化炭素排出量内訳（国土交通省環境対策課）

・うち家庭での基本対応；

住宅での断熱，LED 照明，スマートメーター，2 台に 1 台は次世代自動車の導入を考慮

2）運輸部門での現況

二酸化炭素排出量 13 億トンのうち，運輸部門からの排出量は 17.1％，自動車全体では運輸部門の 86.4％，貨物自動車では運輸部門の 34.5％を排出している（図8-1）。

3）CO_2 排ガスに対する物流の基本対策例

(1) 流通システムの効率化；サプライ・フランチャイズチェーンによる温暖化ガスの削減

　　（例；ウォルマート・ストアーズ）　等

(2) 効率的な低公害車の活用

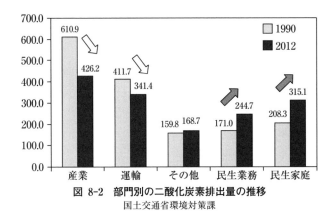

図 8-2　部門別の二酸化炭素排出量の推移
国土交通省環境対策課

(例：天然ガス車の導入，大型 CNG トラック)　等
(3)　エコドライブの普及
(例：アイドリングストップ，ドライブレコーダーダーの普及)
(4)　省エネ物流システムの構築
(例；モーダルシフト等グリーン物流システムの構築や企業連携―荷主との協力，同業者間協力―）の推進等）による
(5)　将来；水素社会への対応，カーボンオフセットの積極的な活用　等

2　温暖化対策に関する地域の期待事項
　1）地方の動向
　(1)　各県の動向
2020 年に 25％以上の削減目標を掲げる地方；静岡県，岐阜県等 15 県
　(2)　岐阜県の動向
①基準年（1990 年）度：1,755 万 t-CO2 に対し，2012 年度実績（最新）は排出量：1,594 万 t-CO2（基準年度比▲9.2％）（図 8-2）
②中期目標及び長期目標の設定

岐阜県内の温室効果ガス総排出量の削減目標

		基準年	
中期目標	2020	1990	▲20%
長期目標	2050	1990	▲80%

③本計画の施策体系
・次世代エネルギーの利用促進
・ライフスタイルを変えるための動機付けとなる機会の提供
・事業者の事業活動の把握と地球温暖化対策の支援
・地域環境の整備及び改善
・森林の整備と新たな環境価値の創出

重点プロジェクト
・家庭における温室効果ガス排出削減推進プロジェクト

④ 運輸部門の動向

運輸部門のCO_2排出量は，鉄道よりも自動車の影響が大きく，特に，軽油消費量の減少が大きく影響している。車種別の軽油消費量をみると，貨物車両が全体の約9割を占めている。岐阜県の2012（平成24）年度の貨物車両数は1990（平成2）年度より約30％減少しており，貨物車両台数の減少が軽油消費量の減少につながっていると県は考えている。

2）温暖化対策に関する地域の調査

(1) 温暖化策に対する基本姿勢

「低公害車導入」や「物流効率化と排ガス削減両立」，そして「企業連携有効」に関する意向等を調査する。（複数選択可）

(2) 調査結果

①全般の結果（表8-1）

【意向の特徴】
・荷主・業者共に，「物流効率化と排ガス削減両立」，「一層の低公害車の導入」，の順に施策として関心を寄せている。

第8章 地球温暖化策と中小企業策

表 8-1 地域調査（全般）

標題		荷主		業者		順位	
		件数	割合	件数	割合	荷主	業者
1	改善の余地殆どなし	16	9.2%	16	9.2%	4	4
2	一層の低公害車の導入	75	43.1	50	28.7	2	2
3	物流効率化と排ガス削減両立	91	52.3	62	35.6	1	1
4	企業連携有効	40	23.0	43	24.7	3	3
5	その他	5	2.9	2	1.1	5	5
	無 記 入	18	10.3	13	7.5		
	計	174		135			

・しかし，「物流効率化と排ガス削減両立」「一層の低公害車の導入」策は荷主の意向割合が業者を上回っており，この分野での業者の相対的な低さが気になるところである。
・反面，「企業連携の有効性」に関しては荷主よりも，業者の意向がやや高くなっており，業者主導で荷主に効率化策を提起する必要性を示している。
・なお，この面での「改善の余地殆どなし」とする意向は両者とも，9％程度である。

②業種別の結果（表8-2）
・総じて荷主の製造業，流通業で温暖化策に対する関心が高い。業者でもやや製造・流通業と下請け業者（物流業）で高い。生産活動，販売活動でも環境対策が問われることがあるからであろう。
・重要な「物流効率化と排ガス削減両立策」に対しては，荷主・業者共にやはり製造業，流通業での意向が高く，対策の実現性を求めている。
・実効性の高い「低公害車導入」に対しては，流通業で他より意向の高さが伺える。最終需要と近いために求められている環境対策への意識高がその背景に伺える。
・物流業界でも主要意向の順位は荷主業界とほぼ同じであるが，「企業連

表 8-2 地域調査（業種別）

荷主での構成比					選択肢	業者での構成比				
製造業	流通業	建設業,他	不明	合計(件数)		製造・流通業	物流業	建設業,他	不明	合計(件数)
11.9%	3.3%	12.5%	0.0%	10.3%(16)	改善の余地無し	14.8%	11.4%	12.9%	0.0%	12.2%(16)
46.4%	53.3%	50.0%	0.0%	48.1%(79)	低公害車導入	37.0%	40.0%	32.3%	66.7%3	38.2%(50)
57.1%	63.3%	55.0%	100.0%	58.3%(91)	効率化と排ガス削減両立化	51.9%	48.6%	41.9%	33.3%	32.8%(43)
23.8%	20.0%	20.0%	50.0%	22.4%(35)	企業連携有効	25.9%	37.1%	32.3%	0.0%	32.8%(43)
4.8%	0.0%	2.5%	0.0%	3.2%(5)	その他	14.8%	8.6%	3.2%	0.0%	8.4%(11)
95.5%	93.8%	81.6%	40.0%	89.7%(156)	記入	100.0%	98.6%	96.9%	60.0%	97.0%(131)
4.5%	6.3%	18.4%	60.0%	10.3%(18)	無記入	0.0%	1.4%	3.1%	40.0%	3.0%(4)
88	32	49	5	174	件数計	27	71	32	5	135

携」に対して特徴が伺え，下請け業者，建設業等を荷主とする業者群からの意向がやや高い。荷主から厳しい立場に置かれている製造業・流通業が比較的打つ手少なしとしていることもうなずける。

③規模別の結果（表8-3）

・荷主・業者共に，大手企業ほどこの温暖化対策に関心を寄せている。
・「物流効率化と排ガス削減両立」や「低公害車化」に対し，荷主・業者共に大企業ほどその意向が高く，両者の実現性・実効性を追求していることが伺える。反面中小企業ほど打つ手なしとしている。
・「物流効率化と排ガス削減両立」に実効性のある「企業連携」に対しては，物流業の大手企業で顕著である。従って，大手から下請け業者への誘導策が課題となろう。

表 8-3 地域調査（規模別）

荷主の構成比					選択肢	業者の構成比				
301人以上	300〜21人	20人以下	層別不明分	計（件数）		31台以上	30〜11	10台以下	層別不明分	計（件数）
4.5%	6.6%	26.5%	0.0%	10.3%(16)	改善余地無し	9.5%	9.9%	20.0%	0.0%	12.2%(16)
54.5%	49.5%	47.1%	22.2%	48.1%(75)	低公害車導入	76.2%	26.8%	40.0%	25.0%	36.2%(50)
72.7%	60.4%	38.2%	77.8%	58.3%(91)	効率化・ガス削減両立	90.5%	38.0%	37.1%	75.0%	47.3%(62)
31.8%	22.0%	14.7%	33.3%	22.4%(35)	企業連携	66.7%	25.4%	28.6%	25.0%	32.8%(43)
0.0%	3.3%	5.9%	0.0%	3.2%(5)	その他	9.5%	4.2%	14.3%	25.0%	8.4%(11)
95.7%	95.8%	82.9%	60.0%	89.7%(156)	記入	100.0%	98.6%	97.2%	66.7%	97.0%(131)
4.3%	4.2%	17.1%	40.0%	10.3%(18)	無記入	0.0%	1.4%	2.8%	33.3%	3.0%(4)
23	95	41	15.	174	件数計	21	72	36	6	135

3）対策の提起

ⓐ低公害車の導入例；

多様な低公害車のうち，今後に期待されている車の一つはLNG車である その特徴は，以下の通り。

・利点；トラック燃料にLNG使用（軽油に比べCO2排出量20%減，コスト30%減）
・課題；車体内の搭載タンク，スタンド新設，

ⓑ実効のある対策例；

再述の通り，温暖化策と物流効率化策の両立には実効性がある（図8-3）。そのためには省エネシステムの推進が効果的である。代表的な例は企業連携であり，大手荷主と大手物流業者との連携や同業者同士の共同化が代表例である。

これらの良い事例を収集し，その共有化を広く図るべきである。この場合

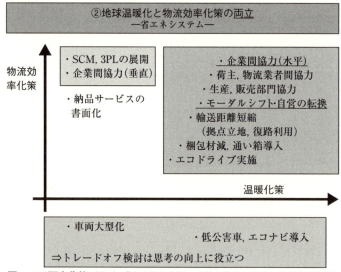

図 8-3 両立化策 (出所:「地域物流市場の動向と展望」朝日大学産情研叢書)

やはり大手物流業の主導的役割が期待される。

第2節 地方物流での中小企業対策

物流市場の多重構造の基本を支え,社会的課題への対応や需要ニーズの多様性や低コストに応えているのが,この中小企業である。この分野での課題,対応策を探る。

- 中小企業は**表8-4**のように定義されている。物流分野では多くの産業分野に関わっているので他分野での中小企業での動向も承知しておく必要がある。

1 物流活動に関わる企業経営の特徴
1) 中小の荷主企業からみた物流効率化策

「中小企業流通業務効率化促進法」による支援。共同化への支援施策と個

表 8-4　中小企業の定義（社）全日本トラック協会　ホームページ）

業種分類	中小企業基本法の定義
製造業，その他	資本金額，または出資総額が3億円以下の会社または常用従業員の数が300人以下の会社及び個人
卸売業	資本金額，または出資総額が1億円以下の会社または常用従業員の数が100人以下の会社及び個人
小売業	資本金額，または出資総額が5千万円以下の会社または常用従業員の数が50人以下の会社及び個人
サービス業	資本金額，または出資総額が5千万円以下の会社または常用従業員の数100人以下の会社及び個人

トラック運送事業者の事業規模は，車両台数20台以下の事業者が全体の76.8％を占める構造となっている。中小企業基本法では「資本金3億円以下ならびに従業員300人以下」の企業を中小企業と規定している。

別企業への支援策がある。

(1)　共同化支援

共同化への支援策には，協同組合が都道府県知事による計画認定を受けて以下を実施。

・流通業務を行うための施設，設備を設置する事業
・この施設,設備を利用して構成員の流通業務を実施する場合。補助金交付，高度化資金融資が実施
・国税，地方税の特別措置

(2)　個別企業支援

・物流コンサルタントの派遣（商工会議所，地方自治体等）
・物流コストの把握（中小企業庁のコスト算定マニュアル，中小企業診断協会のコスト指標）
・低金利資金貸付（デジタルピッキング，自動仕分けコンベヤー等　国・地方自治体からの融資）

2）企業規模からみた物流業者の中小企業経営の特徴

(1) 生業型・零細〜小規模事業者。

10両未満の事業者が該当。いわゆる「なりわい」であり，家族が食べてい

けるだけの生計費に当たる収入を重視する。「パパ・ママストア」的な事業者で，地域・荷主密着により「かゆい所に手が届く」サービスを得意とする。運送事業の継続活動を必ずしも前提としない。

(2) 家業型

小〜中規模事業者 10〜50 両程度の事業者が該当。事業主の家族に伝わってきた商売としての運送事業。世襲的に継承していく技術やノウハウもある。商売の継承が前提であるため，収益黒字の継続体制，親族内後継者育成を重視する。

(3) 企業型・中規模業者

50〜100 両程度の事業者が該当。企業に組織が作られ，仕組みを導入することで，従業員も経営者と同様に能力発揮することができる。経営の継続と成長を前提とし，再生産・再投資，高度化・拡大を目指す。組織・計画・戦略を重視する。

(資料) 日本トラック協会「中小トラック運送事業者のための経営改善対策ガイドブック」より

2 物流業者の基本対策

1) 外部経営資源の活用

すべてを自社内の経営資源で完結させていては，事業は拡大しにくい。経営資源は外部に求めることも可能であり，それにより事業領域確立のスピード性と実現性を高めることができる。

波動の吸収もとよりトラック運送業界では事業者間の連携の事例が多くみられる。元請・下請関係も事業者間連携である。ピーク時の貨物量にあわせて車両台数を保有することは車両の運行効率の低下を招く。元請下請の構造は，管理責任の曖昧さ実運送運賃の低下等の問題をはらんでいるものの，波動吸収の視点からは，トラック運送サービスにとって，効率を高めるために不可欠なものとなっている。

2) 営業力の強化と分業

棲み分けとしての連携もある。たとえば，新規の荷主企業の輸送ニーズに

対して，輸送キャパシティを保証することは，最初の営業アクションとして不可欠である。提案内容に記された下請事業者への配送委託が「信頼できる特別な同業者との密接な連携によるものである」とアピールできれば，大きな差異化要素となる。

　一方，営業力の弱い小規模事業者では，営業担当者の確保や採用を行うほど業務が大きくなく，ドライバーと事務担当だけ，といったケースも稀ではない。こうした場合，その営業は，営業力に強みを持つ元請会社にその役割を期待し，自社は運送に徹するという機能分業も考えられる。

　近年では荷主企業の物流ニーズが高度化し，物流業務を部分的に委託するのではなく，総合的なサービス，包括的なサービスとしてアウトソーシングする傾向が強まっている。物流業界では中小事業者が多く，単独では広域を商圏とした輸配送サービスや，保管，輸送，庫内作業，物流情報システムといった総合的な物流サービスの提供は困難であるが，中小・中堅物流事業者でも，商圏や機能の異なるもの同士が連携することで，大規模事業者に負けないサービスを展開している事例がみられつつある。

　こういった観点からも，トラック協会や組合などに積極的に参加することでさまざまな情報を得，知見を広めることが重要になる。

3）内部経営資源の拡充

　たとえば，特化・ニッチ型のサービスで，市場規模も小さいマーケットであれば，あえて同業他社の協力を求めず，仰がず，自社の「純正サービス」として提供した方が荷主の信頼を損ねることがない。また，元請会社の視点では，「依存するだけ」の下請の評価は低いとされる。同業者から車を調達したり，あるいは貨物情報を斡旋してもらっている事業者（外部経営資源を活用している事業者）でも，経営意識の高いトラック運送事業者では，元請だけ（傭車を使って自社の車両はほとんど保有しない），下請だけ（直荷主を全く持たない）といった営業は行わないであろう。

　直荷主を全く持たない「完全下請」では利益率の向上が望めないからである。また，直荷主を大切にする元請の場合，コアとなる車両は内部で確保し，

オフピーク時には余裕のある車両を傭車に出して稼働率を高める，という柔軟な対応を行うからである。このような会社は，一般に，運行管理者が優秀であり，なおかつドライバーの人的素質やモチベーションも高いレベルにある。

4）組織的活動
(1) 組合事業の活用

トラック運送業界の事業協同組合では，燃料共同購入事業，資材等共同購入事業，高速道路利用事業計算業務代行，求荷求車事業，共同輸送事業，保険・共済・リース・金融事業等，様々な経済活動を行っている。また，特定の目的をもって協同組合を新たに設立することも考えられる。中小企業が協同組合等を通じて連携して経営基盤の強化や環境改善に取り組む事業を行う場合，低利な公的融資を活用することができる。このため，複数の事業者がトラック団地を形成したり（集団化事業），共同物流センターや共同給油所をつくるといったケース（共同施設事業）が多数みられる。

〇車両情報や貨物情報の交換

輸送効率向上のために，遠隔地の事業者同士が車両や貨物を融通し合って，輸送効率（実車率，積載率，実働率）を高め，経営効率を改善することが考えられる。近年ではWebKITのような求荷求車システムを活用すれば，幅広い同業者から貨物や車両の情報を得ることができる。

(2) 中小企業等経営強化法の活用（図8-4，図8-5）

法律では，中小企業・小規模事業者・中堅企業等を対象として，その経営強化を図るため，①各事業所管大臣による事業分野別指針の策定や，②中小企業・小規模事業者等への固定資産税の軽減や金融支援等の特例を設定した。（経産省，中小企業庁，2016年7月施行）　労働力人口の減少，企業間の国際的な競争の活発化等の経済社会情勢の変化に対応するため，事業所管ごとに策定することになっている。

以下その態様を同法に従い，図示する。

第 8 章 地球温暖化策と中小企業策

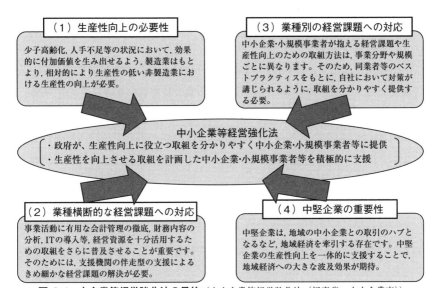

図 8-4 小企業等経営強化法の目的（中小企業等経営強化法（経産省，中小企業庁））

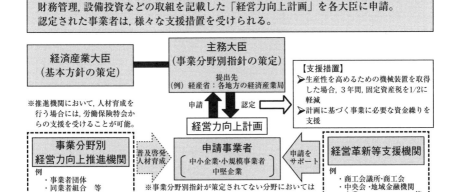

図 8-5 中小企業等経営強化法のスキーム（中小企業等経営強化法（経産省，中小企業庁））

3 物流から見た中小企業の特徴

1）物流業界の中小企業（表8-5）

その特徴は，まず，多種サービスの提供や高コストの吸収等を担っていることであり，物流業界の特徴である需要の変動に直接対応する組織である。

2）行政施策

この対応策は，マーケットメカニズムでは限界があり，行政の機能が必須となる分野にある。金融関連をはじめ，マネジメント方式への示唆・情報提供等と多岐にわたる。

- 高度化融資；集団化事業を支援
- 金融支援；事業資金融資の円滑化
- その他；；経営革新の支援，雇用・人材支援，災害対策，環境対策支援等

3）地域物流の効率化

(1) 地方組織

行政（地方局，県・市）

関連協会（県トラック協会，倉庫協会，日本貨物運送協同組合連合会）

(2) 中小企業施策の列挙

復路斡旋システム

グリーン経営認証

表 8-5 物流業界の中小企業（(社)全日本トラック協会ホームページ http://www.jta.or.jp/）

区　分	事業者数	従業員数	中小企業の割合
トラック運送業	63,083	115万人	99.9%
JR貨物	1	0.6	0
内航海運業	3,788	2.19	99.6
港湾運送業	888	5	88.2
航空貨物運送事業	21	—	33.3
倉庫業	5,902	10.4	91.2

・平成23年度　・常用従業員数300人以下

グリーン物流パートナーシップ

Ｇマーク

エコドライブ

低公害車　等

①復路斡旋システム（Webkit）

平成16年ブロードバンド時代に対応したシステムに刷新

荷物情報；32万件，車両情報；20万件（H21）

参加協同組合；142　　ID，端末数；2702

②認定資格取得

環境面から〜グリーン経営認証（トラック等を対象とし，環境に配慮した事業者を認定）

安全面から〜Ｇマーク（安全性評価，法令遵守，事故防止への取り組みを評価）

③グリーン物流パートナーシップ

・地球温暖化対策として，物流分野でのCO_2削減のため，荷主と事業者との連携，協同による取り組み。3100を超える企業，団体，個人による幅広い活動。

・トラック輸送の効率化，，鉄道・海運へのモーダルシフト，物流センターの集約化等のグリーン物流推進プロジェクトに対して，その事業を認定し，補助金を支援

4　県内企業の意向調査結果

　1）調査に関する基本事項

「共同化，集団化を進める上での金融助成」「需給，社会，行政サイド等の協力」「現状把握，施策検討のための現場からの情報収集」「市場メカニズムが正常に機能するための市場構成化」等である。

　2）全般の調査結果

・最高の意向を示している選択肢については，荷主で「関係者の協力」とマーケットでの協力を期待しているのに対し，業者では「公正な市場構

表 8-6 地域調査（全般）

	標題	荷主		業者		順位	
		件数	割合	件数	割合	荷主	業者
1	共同化，集団化金融助成	42	24.1%	31	23.0%	4	4
2	関係者の協力	73	42.0	45	33.3	1	3
3	現場からの情報収集	53	30.5	54	40.0	3	2
4	公正な市場構成	54	31.0	62	45.9	2	1
5	その他	3	1.7	0	0	5	5
	無記入	27	15.5	10	7.4		
	計	174		135			

成」についての期待が大きく，行政からの支援にも期待が込められている。
・この2位については，荷主では「公正な市場構成」，業者では「現場からの情報収集」とし，下請け等を包含した自社のマネジメント強化への意向を示している。
・「行政からの共同化，集団化金融助成」が両者ともに4位となっており，必ずしも行政への期待が大前提とはなっていない。
・市場の高度化に欠かせない「現場からの情報収集」については，業者が相対的に荷主よりも高く，この分野での業者による主導が欠かせないこととなる。
・両者ともに，自社のみでの対応の限界を認識しており，荷主では他社との協力を重視しているのに対し，業者では行政支援の期待も込められている。

3）業種別の調査結果
・全体的に荷主業界では，中小企業対策に関して同様な課題に直面している流通関連業界での意向が全体として高い。物流業界では，各業種からの期待が多様である。
・荷主の流通関連業界では，特に「関係者の協力」や「現場情報」に対し

表 8-7　地域調査（業種別）

荷主の構成比					選択肢	業者の構成比				
製造業	流通業	建設業,他	不明	合計(件数)		製造・流通業	物流業	建設業,他	不明	合計(件数)
30.8%	23.3%	25.0%	50.0%	28.0%(42)	共同化,集団化金融助成	26.9%	25.0%	21.4%	33.3%	24.8%(31)
44.9%	53.3%	52.5%	50.0%	48.7%(73)	関係者の協力	42.3%	35.3%	32.1%	33.3%	36.0%(45)
37.2%	46.7%	22.5%	50.0%	35.3%(53)	現場の情報	46.2%	44.1%	39.9%	33.3%	43.2%(54)
41.0%	13.3%	42.5%	50.0%	36.0%(54)	公正市場構成	26.9%	55.9%	60.7%	0.0%	49.6%(62)
2.6%	3.3%	5.0%	50.0%	4.6%(6)	その他	0.0%	0.0%	0.0%	0.0%	0.0%
88.6%	93.8%	81.6%	40.0%	86.2%(150)	記入	96.3%	95.8%	87.5%	60.0%	92.6%(125)
11.4%	6.3%	18.4%	60.0%	13.8%(24)	無記入	3.7%	4.2%	12.5%	40.0%	7.4%(10)
88	32	49	5	174	計	27	71	32	5	139

て強く，反面「公正な市場」に対しては低いのが特徴である。
- 一方物流業界では，期待が高い「公正な市場構成」に対しては，建設業を荷主とする業者からの意向が高く，「現場情報」には製造業・流通業を荷主とする業者からの意向が高い。
- なお，荷主の製造，建設関連企業では全体動向とほぼ同一である。また業者では，多数を占める下請け業者の意向は当然，ほぼ全体意向と符合している。

4）規模別の調査結果
- この課題に対しては，想定通り大企業ほどすべての選択肢に対して意向が高い。
- 公正な市場構成，関係者協力についても同様であり，荷主，業者共に大企業ほど関心を寄せている。

表 8-8 地域調査（規模別）

荷主の構成比					選択肢	業者の構成比				
301人以上	300〜21人	20人以下	層別不明分	計(件数)		31台以上	30〜11台	10台以下	不明	計(件数)
33.3%	24.4%	32.4%	33.3%	28.0%(42)	集団化金融助成	42.9%	17.9%	27.3%	25.0%	24.8%(31)
57.1%	45.3%	50.0%	55.6%	48.7%(73)	関係者協力	61.9%	31.3%	27.3%	50.0%	36.0%(45)
47.6%	38.4%	20.6%	33.3%	35.3%(53)	現場情報収集	81.0%	35.8%	36.4%	25.0%	43.2%(54)
47.6%	33.7%	32.4%	44.4%	36.0%(54)	公正市場構成	85.7%	34.3%	60.6%	25.0%	49.6%(62)
9.5%	3.5%	2.9%	0.0%	4.0%(6)	その他	0.0%	0.0%	0.0%	0.0%	0.0%(0)
	90.5%	82.9%	60.0%	86.2%(150)	記入	100.0%	93.1%	91.7%	66.7%	92.6%(125)
8.7%	9.5%	17.1%	40.0%	13.8%(24)	無記入	0%	6.9%	8.3%	33.3%	7.4%(10)
23	96	47	15.	174	件数計	21	72	36	6	135

・現場からの情報収集については，荷主では規模の大きい企業ほど，これに対する意向が大きい。業者でも同様である。
・なお，小企業の方が中堅企業よりも多くの項目に対してやや高い意向を示しているのも特徴の一つである。

5）対策の提起

・大企業にない，中小企業の意思決定の迅速性，変化への弾力的対応性を充実するために，一層の関連情報の収集分析を進めるべきである。
・そのためには1社では対応不可能に近く，企業連携，行政支援が不可である。
・そして何よりも，良い事例を収集し，これを広報すべきである。この主導はやはり大手物流業が担うべきであり，荷主，特に流通業関連の協力を得て進めることが効果的である。

参考文献

- 温暖化対策実行計画第2版(平成28年3月,県環境生活部)
- 「地域物流市場の動向と展望」(2013 朝日大学叢書 成文堂)
- 運輸部門における二酸化炭素排出量(2013年度,国土交通省)
- 日経新聞(夕刊5面 '15.11.15. 13面 '15.11.18.)
- 朝日新聞(15面 '15.11.15. 15面 '15.11.20.)
- 中小流通業の施策活用マニュアル(400 物流の効率化を図る,平成15年)
- (社)全日本トラック協会 http://www.jta.or.jp/
- 国土交通省自動車交通局 http://www.mlit.go.jp/jidosha/index.html
- 「経営改善ガイドブック」(平成22年,全日本トラック協会)
- 「日本の許認可制度のすべて」(1993,依田薫,日本実業出版社)
- 「規制緩和で業界はこう変わる」(1994,大和総研,日本実業出版社)
- 「中小企業読本」(第10章地域社会と中小企業,1997,清成忠男,東洋経済新報社)
- 日本経済新聞(11面 2015.12.21)
- 中小企業等経営強化法(経産省,中小企業庁)

むすび

　荷主と運送事業者を取り巻く経営環境の変化に伴い，地域物流市場は目まぐるしく展開している。本書では，第一部で，荷主企業と運送事業者との関わりとしてパートナーシップのあり方や契約の書面化方向，下請構造と物流子会社を検討した。また第二部で，物流活動と商慣行に関して，輸送サービスの費用，店着価格制，着荷主の動向について分析した。第三部で，地域における社会的責務への対応を物流インフラ対策，地球温暖化策と中小企業策として方向性を探った。

　物流市場の視点に立った以上の検討から，運送事業者の役割の大きさに注目した。荷主のわがままと嘆じるだけでなく，荷主が少しでも共感を覚えるような具体例の発掘とその共有化の推進が欠かせない。また，行政も含めた日本独特な市場の構築にも汗すべきである。この行政も運輸建設にとどまらず経済産業分野も含めるべきであり，また運送事業者の中でもやはり，大手運送事業者が中心となって一層の知見を身に着け，実効を上げるべきであろう。今後の基本課題・基本方針の一つである。

　三部構成のベースとなる意向調査については，付録として本書の末に示している。

　本書全体の構想は，朝日大学大学院経営学研究科におけるグローバルロジスティクス研究会発足を機に始まった。2013年の日本物流学会西濃運輸研究助成での成果発表（2013年9月全国大会発表，日本物流学会誌2013年度投稿）を皮切りに，講演会参加など，研究会において企画立案と実践を続けてきた。2013年度～2016年度は，当該研究のための研究会（産業界，物流業界，学会・大学等で構成）を月1回の日程で開催し，荷主と物流事業者双方が受け止めている物流サービスの現状と課題について深化させて議論してきた。

　今後も研究会の開催により，参加メンバー間のコミュニケーションの充実等を図りながら地域物流市場の新しい展開を継続して議論の場として活発化

させていく所存である。

本書に残された今後の課題を列挙すると以下の3点である。

(1) グローバルな視点

本書では，地域物流市場に焦点をあて，各章で検討を進めてきたが今後グローバルな視点の検討が必要となろう。

海外市場拡大策の研究としての進出対象国，サービス提供分野，日本からの進出・合弁企業，海外提携企業—フォワーダー等・提携方式，競争状況，等への検討が残されている。

(2) 未来的な視点

本書に関係して，IoTや情報機能の可能性の視点の検討が必要となろう。

ひとつは，機能・システム條件の研究である。通関・内陸通関，コンテナ・パレット等の規格・標準化，法規制，市場動向等の具体的な適応領域に，未来的な視点を付加していく視点である。

その他物流の研究として，グローバルや大手企業対象外の代替案，高度化システム—高サービス，低コストシステム・省エネシステム—，環境対策，3PL，企業連携，中小企業対策等の様々な課題が今後の物流課題として挙げられる。

(3) それぞれの立場の深化

各章を担当した執筆者は，産官学の連携を志向する朝日大学に属する教員が含まれている。朝日大学では，地域社会の発展と人材育成に寄与することを目指し，地域産業と大学教育の分野において連携協力していくための「産学連携協定」を締結しており，連携による調査・分析の実施の一環として相互協力を継続している。特に大学院では，「プロジェクト研究Ⅰ・Ⅱ」として，複数指導体制により，具体的な研究テーマを設定する。物流に関する世の中

の大きな期待に応える調査分析と連動した研究を進めていく計画を備える。

　第5章を担当した物流全般の面からは，物流研究に対するアプローチとして，経営環境の変化や，実務レベルの改善課題や経営戦略全般との折衝などの経営課題を対象とする。付録を担当した経営科学の面からは，システム科学からのアプローチとして，モデル化を行ったり，新たな問題解決手法を開発したりする課題が残されている。第4章を担当した会計学の面からは，制度会計に対するアプローチとして，会計基準の国際的な流れをうかがいつつ，理論的かつ実践的に考察する視点が求められる。第3章を担当した経営組織の面からは，組織理論に対するアプローチとして，組織デザインや組織変化について，実社会での実践に応用する方法について検討することが今後不可欠となる。

　最後に，本書の企画に際し，朝日大学宮田研究奨励金の助成により執筆されている。また本書の内容は，グローバルロジスティクス研究会（朝日大学大学院経営学研究科）での研究成果の一部である。朝日大学大学院グローバルロジスティクス研究会（定例研究会）については，文末に研究会（定例研究会）名簿を示しているが，2013年～2015年にかけてもいずれも当時の役職で，中部運輸局岐阜運輸支局首席運輸企画専門官（輸送・監査）である山本博康氏，中部運輸局岐阜運輸支局運輸企画専門官（輸送・監査）小島光洋氏，中部運輸局岐阜運輸支局首席運輸企画専門官（輸送・監査）である野口欣司氏，西濃運輸株式会社営業管理部商品企画課課長である竹藪次雄氏にご参加いただき執筆につなげてきた経緯がある。また研究会においては，国土交通省中部運輸局岐阜運輸支局，一般社団法人岐阜県トラック協会，セイノーホールディングス株式会社及西濃運輸株式会社など関係各位から有益なコメントを頂いている。ここに記して感謝の意を表したい。

　本書作成に当たり，成文堂編集部の飯村晃弘氏にこの場を借りて心から御礼を申し上げたい。

むすび

朝日大学大学院経営学研究科
グローバルロジスティクス コーディネーター
土井　義夫

朝日大学大学院　グローバルロジスティクス研究会（定例研究会）名簿（2016）
（メンバー）

奥山　　徹　　朝日大学大学院（教授）　経営学研究科長

板谷　雄二　　朝日大学大学院（教授）　経営科学担当
小畠　信史　　朝日大学大学院（教授）　会計学担当
荒深　友良　　朝日大学大学院（教授）　経営組織論担当
土井　義夫　　朝日大学大学院（准教授）　物流論担当　※1

忍田　和良　　朝日大学大学院（客員教授）　※2

二輪　昭宏　　中部運輸局　岐阜運輸支局　首席運輸企画専門官（輸送・監査）
猪飼　　聡　　中部運輸局　岐阜運輸支局　運輸企画専門官（輸送・監査）

臼井　靖彦　　一般社団法人　岐阜県トラック協会　業務部長

河村　　大　　セイノーホールディングス株式会社　経営企画室　室長

小寺　康久　　西濃運輸株式会社　専務取締役　営業本部担当
山本　英之　　西濃運輸株式会社　取締役　営業管理部担当
林　　貴紘　　西濃運輸株式会社　営業管理部　商品企画課　主任

※1　グローバルロジスティクスコーディネーター
※2　研究会顧問

2016年10月26日時点

(執筆分担)

まえがき　奥山徹

序論　忍田和良

第1章　臼井靖彦

第2章　小島光洋

第3章　荒深友良

第4章　小畠信史

第5章　土井義夫

第6章　河村大，小寺康久，林貴紘

第7章，第8章　忍田和良，板谷雄二

むすび　土井義夫

付録　板谷雄二，土井義夫

A 付録

各章では，荷主企業と運送事業者に対する意向調査に基づいて地域物流の現状を論じている．本付録では，本意向調査の目的，調査方法，調査項目の選定，調査依頼方法，回収結果について述べる．

A.1 意向調査の目的

地域物流市場の特性と課題を考える際，市場自体の高度化と社会的課題対応の視点を踏まえた地域物流市場の構成を設計する視点が欠かせない．市場高度化の基本視点は，企業連携の取組を進めていくことになるが容易ではない．特に地域において今後モデルとなる取り組み事例を抽出しようにも実際の実務的な課題や取引上の関係性が障害になり，実効性のある話し合いの場は生まれづらい状況下にある．地域物流市場の動向と展望を考える際，荷主と運送事業者との関わりの基本である「輸送サービスの在り方」について注目し，加えて周辺課題である「商慣行」，「物流行政」にも配慮すべきである．

本調査では，輸送サービスに対する荷主と運送事業者の双方が抱える課題について，地域の物流需給関連それぞれの意向を探り，物流活動の今後の在り方に資することが目的である．具体的には，現況，課題の視点から分析し課題を明らかにする．

A.2 意向調査の方法

本調査では，「物流需給関連における課題」を，「荷主・運送事業者双方が抱える共通した課題の中で，荷主企業と運送事業者との関わり，輸送サービスに関する費用や商慣行，荷主企業による社会的責務への対応に関する諸課題」と定義する．行政施策を含めた問題意識をもとに，より普遍性を求めるために質問紙調査を行なった．2015年2月に筆者らの大学の地域である岐阜県下の荷主・運送事業者それぞれに調査票を送付し，回収後分析を行った．

表 A.1　設問した調査票（荷主向けの回答）

	項目	内容
荷主企業と運送事業者との関わりはどうあるべきか	パートナーシップについての今後のあり方	<u>パートナーシップの現況</u>，パートナーシップのあるべき態様，荷主企業にとって好ましい運送事業者とは何か，そのための課題・対策（含む行政策）
	輸送条件等に関する契約書面化の方向	輸送サービス条件（集配時間，積卸に関わる移動距離等）の取り決め方の現況，「<u>取り決め方</u>」改善の方向（含む書面化の方向），<u>書面化の課題・対策</u>（含む行政策）
	運送事業者における下請け構造や物流子会社の問題点	運送事業者の物流下請け・物流子会社に関する現況，運送事業者が下請け事業者を利用することの問題<u>点</u>，課題改善の方向，そのための課題・対策（含む行政策）
輸送サービスに関する費用や商慣行について	輸送サービスに関する費用計算	現況（煩雑性，説得性を考慮して），課題（サービス測定，費用計算），方策（実施例収集，広報，講習等）
	商慣行の一つである店着価格制	現況への認識，<u>課題</u>，方策（含む業界，行政等での取り組み）
	着荷主（販売先へ）のこれからの期待	現況（意識），課題，具体策（発着荷主協力，業界協力，行政支援，広報）
荷主企業による社会的責務への対応	地域社会，行政等への期待について	地域における物流インフラ（東海環状自動車道路西回りルート）の整備，地球温暖化（排ガス）策への地域対応，都市物流策への地域対応，<u>地方物流での中小企業（荷主，運送事業者）対策</u>

A.3　意向調査項目の選定

荷主・運送事業者に対する調査内容のうち荷主に対する調査票は**表 A.1**のとおりであり，運送事業者に対してもほぼ同様である。

表中の下線が引いてある項目は，荷主と運送事業者で特に意向が分かれた項目を意味している。

荷主企業と運送事業者に送付した調査票の見本は，紙数に限りがあるため本書には掲載せず，以下のアドレスにおいた。

・荷主企業に対する意向調査　http://or-lab.asahi-u.ac.jp/n.pdf
・運送事業者に対する意向調査　http://or-lab.asahi-u.ac.jp/j.pdf

A.4 意向調査依頼方法

A.4.1 調査依頼先の選定

2010年実施の「地域物流市場の高度化策に関する調査・研究」における依頼先を踏まえ，2014年度に開催したプロジェクト研究「グローバルロジスティクス」定例研究会での議論結果をうけて，調査対象として県内の荷主（1436社）および運送事業者（831社）を選定した。

A.4.2 調査依頼

図 A.1 に示すような文書を荷主企業に郵送した。調査依頼文書は同図 (a) のように A4 用紙で作成した。調査用紙は 4 ページあり，同図 (b1) と (b2) のように薄黄色の A3 用紙に両面印刷で作成し，二つ折りした。運送事業者に対しても同様であるが，調査用紙は空色の用紙に印刷した。

調査依頼文書，調査用紙，返信用封筒および調査協力に対する謝礼としての粗品を同封し，2015年2月28日に発送した。

224　付録

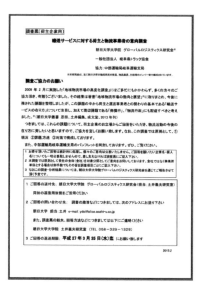

(a) 調査依頼文書（荷主企業用）

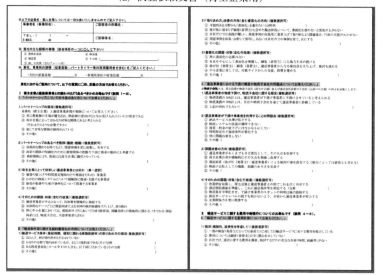

(b1) 調査用紙（荷主企業用）1～2ページ目

図 A.1　郵送文書（荷主企業用）

(b2) 調査用紙（荷主企業用）3〜4ページ目
図 A.1　郵送文書（荷主企業用）（続き）

A.5　回収結果

2015年3月25日を期限として回答を返送していただいた。回答数と回収率は，表 A.2 に示すとおりである。回収率が低い理由として，「荷主企業と運送事業者との関わりはどうあるべきか」，「輸送サービスに関する費用や商慣行」，「荷主企業による社会的責務への対応」といった比較的答えにくい設問項目に加えて，設問の内容，設問数も回答者にとって回答しづらい内容となっていたためと考えられる。特に輸送サービスに関する費用や商慣行，荷主企業の社会的責務といった運送事業者よりも荷主にとって踏み込んだ質問になったことが運送事業者と荷主との回収率の違いとなって表れている。

執筆者紹介（執筆順，※編者）

奥山　徹（おくやま　とおる）
　　朝日大学大学院経営学研究科長（教授）
※忍田　和良（おしだ　かずよし）
　　朝日大学大学院経営学研究科客員教授
　　日本物流学会顧問（元会長）
臼井　靖彦（うすい　やすひこ）
　　一般社団法人　岐阜県トラック協会　業務部長
小島　光洋（こじま　みつひろ）
　　愛知運輸支局　運輸企画専門官
荒深　友良（あらふか　ともよし）
　　朝日大学大学院経営学研究科教授
小畠　信史（こばたけ　しんじ）
　　朝日大学大学院経営学研究科教授
※土井　義夫（どい　よしお）
　　朝日大学大学院経営学研究科准教授
河村　大（かわむら　まさる）
　　セイノーホールディングス株式会社　経営企画室　室長
小寺　康久（こてら　やすひさ）
　　西濃運輸株式会社　専務取締役　営業本部担当
林　貴紘（はやし　たかひろ）
　　西濃運輸株式会社　営業管理部　商品企画課　主任
板谷　雄二（いたや　ゆうじ）
　　朝日大学大学院経営学研究科教授

地域物流市場の新課題

2017年3月25日　初 版　第1刷発行

監　修	朝日大学大学院グローバルロジスティクス研究会
発 行 者	阿 部 成 一

〒162-0041　東京都新宿区早稲田鶴巻町514番地

発 行 所　　株式会社　成 文 堂

電話　03(3203)9201(代)　Fax(3203)9206
http://www.seibundoh.co.jp

製版・印刷　三報社印刷　　　製本　佐抜製本
© 2017　朝日大学大学院グローバルロジスティクス研究会
Printed in Japan　　☆乱丁・落丁本はおとりかえいたします☆
ISBN 978-4-7923-5068-0　C 3034　　検印省略

定価（本体 3000 円 + 税）